Las gafas de la felicidad

Rafael Santandreu

Las gafas de la felicidad

Descubre tu fortaleza emocional

Grijalbo

Papel certificado por el Forest Stewardship Council®

MIXTO
Papel procedente de
fuentes responsables
FSC® C117695

Primera edición ampliada: octubre de 2019

© 2014, 2019, Rafael Santandreu
© 2014, 2019, Penguin Random House Grupo Editorial, S. A. U.
Travessera de Gràcia, 47-49. 08021 Barcelona

En este libro se han reproducido fragmentos de la obra
El mundo sobre ruedas, Albert Casals, Ediciones Martínez Roca, 2011.

Printed in Spain – Impreso en España

ISBN: 978-84-253-5823-4
Depósito legal: B-17.377-2019

Compuesto en M. I. Maquetación, S. L.

Impreso en Gómez Aparicio, S.A.
Casarrubuelos (Madrid)

GR 5 8 2 3 A

Penguin
Random House
Grupo Editorial

A la persona que más quiero en el mundo,
mi madre, María del Valle Lorite

Índice

PRIMERA PARTE
EL SISTEMA

SEGUNDA PARTE
APLICACIONES

TESTIMONIOS

PRÓLOGO

a la
edición
del

5.º aniversario

Ya han pasado cinco años desde que se publicó la primera edición de *Las gafas de la felicidad*, mi segundo libro.

Y, en todos estos años, he tenido el privilegio de contactar en mis viajes por España y Latinoamérica con personas que lo han leído, han trabajado sobre él y han transformado su psique y su vida. ¡Cientos de personas! ¡Qué satisfacción! Tú también puedes unirte a ese club.

La psicología cognitiva es una joya que todo aquel que la descubre convierte en su tesoro más importante, tal y como le pasó al emperador romano Marco Aurelio. Y es algo que se puede hacer por cuenta propia, a partir de los libros, o en consulta, acompañado por un terapeuta (o entrenador personal).

Los testimonios que encontrarás al final del libro son tan sólo una muestra de lo que sucede en terapia. Los resultados que obtenemos mi equipo y yo, en nuestras consultas presenciales de Madrid y Barcelona, son realmente radicales. Un 80 % de las personas logran cambios de, al menos, un 80 %. Muchos obtienen incluso transformaciones muy por encima del 10 ya que mejoran en ámbitos que ni sospechaban.

Entre estos cinco casos está el de Ana María, que se liberó de una relación inadecuada y aprendió a ser feliz sola, sin dependencias. El miedo a cambiar, a dar pasos adelante, es algo muy típico. La terapia no sólo te permite hacerlo, sino que al perder totalmente el temor, el paso resulta hermosamente fácil y exitoso.

Después, se exponen dos casos de trastornos serios: ataques de ansiedad y obsesiones. Las personas con estos problemas se hallan en un pozo que las lleva con frecuencia a pensar en el suicidio.

En mi consulta, vemos cientos de estos casos todos los años y me enorgullezco de decir que ayudamos a solventarlos en tiempo récord (1 o 2 meses, muchas veces), de forma completa y sin medicación de ningún tipo.

Y, por último, se narran las historias de una persona celosa que dejó de serlo y un tímido que se convirtió en extrovertido, dos transformaciones que muchos creerán imposibles.

Estos dos casos son dos pruebas vivas de que eso que llamamos «carácter» está formado, en realidad, por una serie de creencias instaladas en la mente y hábitos adquiridos, dos cosas que podemos cambiar si tenemos la guía adecuada.

Siempre que me dispongo a prologar un libro me viene a la memoria mi primera monografía, que versó sobre una nueva técnica, la laparoscopia, que por entonces era prácticamente desconocida en nuestro país. La prologó mi propio padre. La principal razón que me impulsó a divulgar la técnica fue la cantidad de intervenciones en las que se abría el abdomen tan sólo para dilucidar la causa de los trastornos que padecía el paciente. En un alto porcentaje, la intervención era inútil, y nada se encontraba. Fue una divulgación dirigida a médicos que pronto marcaría un antes y un después en nuestra práctica clínica.

Desde entonces me he dado cuenta de la importancia de dar a conocer nuevos procedimientos de intervención o prevención en salud.

Este libro, como el resto de los publicados por Rafael Santandreu, cumple con este cometido fundamental en medicina y psicología y creo que puede ser útil no sólo a la población en general sino también a los profesionales médicos. Pero empezaré explicando cómo conocí al autor.

Hace un par de años, operé a una joven paciente —llamémosla X— cuya madre había sido intervenida por mí de un tumor maligno de ovario. La madre fue tratada muy agresivamente y superó el cáncer, pero en la mente de su hija supongo que quedó grabada la imagen de un ser querido sufriendo los efectos secundarios de la cirugía, con un postoperatorio tormentoso y la quimioterapia.

Procuré informar debidamente a X de que su problema nada tenía que ver con el de su madre ya que se trataba de un proceso benigno, como se confirmó por el análisis de la pieza operatoria.

Pero a las 48 horas del postoperatorio, X desarrolló un cuadro doloroso abdominal de gran intensidad. Descartamos cualquier fallo o complicación de la cirugía, pero la paciente seguía con dolores que se complicaron con un extraño rechazo a ingerir cualquier alimento. En realidad, la paciente, como vimos después, había desarrollado un trastorno psicógeno: fobia a cualquier intervención médica y a ingerir alimentos.

Hubo un momento en que la paciente estaba allí, ingresada en nuestro centro, pero luchaba irracionalmente contra su propia recuperación: no comía y no se dejaba ayudar.

En un destello de racionalidad, la paciente decidió consultar telefónicamente con un psicólogo que había conocido tiempo atrás. Tras una charla de cuarenta minutos, el estado de la enferma mejoró radicalmente. El psicólogo, que no era otro que el autor de este libro, completó su actuación con un par de visitas a la paciente ingresada, que fue dada de alta en el tiempo esperado y en perfectas condiciones.

«Todo está en la mente», suele decir Rafael Santandreu. Pero sin duda hay que saber tocar las teclas de ese increíble instrumento para producir efectos tan rápidos y radicales como los que vimos con esta paciente. Así es como conocí al autor y, más tarde, su obra escrita.

Sin duda alguna, la mente se halla detrás de todas nuestras realizaciones, comportamientos, deseos y aversiones. Una buena salud mental —o mala— puede multiplicar los beneficios —o arruinarlos— de cualquier procedimiento médico. Y lo mismo sucede con el resto de las facetas de nuestra vida. Por eso es tan importante promover la salud emocional.

El trabajo de Rafael Santandreu se basa en la psicología más moderna y científica y se halla respaldado por numerosos estudios. Sus libros tienen el mérito de hacer llegar ese difícil contenido al gran público de forma que el lector podrá llevar a cabo una correcta psicohigiene mental, algo esencial para todos en nuestros días.

SANTIAGO DEXEUS, médico miembro honorario de la Real Academia de Medicina de Cataluña, profesor en la Universidad Autónoma de Barcelona, presidente de la Sociedad Española de Citología, Creu de Sant Jordi.

Antes de empezar

Hace más o menos un año, recibí un email de Juancho, un joven veinteañero del sur de España, en el que me contaba una historia de superación muy hermosa. Durante los últimos años había estado mal, pues le habían diagnosticado un trastorno bipolar, un problema que consiste en alternar períodos de euforia descontrolada con otros de depresión aguda. Incluso había tenido algún brote psicótico. Su médico le había atiborrado de pastillas y, ni siquiera así, había logrado librarse de los síntomas.

Me contó que, por casualidad, había caído en sus manos mi anterior libro *El arte de no amargarse la vida* y que, por primera vez, había comprendido su problemática de forma diáfana. Lo leyó, lo estudió, y lo volvió a leer. Y se propuso aplicarse los consejos que yo daba con ahínco. En pocas semanas empezó a notar un gran alivio y, en pocos meses, estaba prácticamente bien.

Un día nos llamamos por teléfono y charlamos largo y tendido. ¡Juancho se sabía mi libro mejor que yo! Es una persona extraordinariamente inteligente y capaz: es pintor y le auguro un futuro muy brillante, pero también podría ser un estupendo psicólogo.

Acordamos hacer un par de sesiones de terapia, a modo de repaso, y pude comprobar que aquel jovencito tenía ya una mente fuerte, flexible y positiva como la que más. Ahí acabó nuestro trabajo.

A día de hoy, Juancho es una persona muy feliz, que sigue tomando alguna medicación, pero la mínima para los casos de trastorno bipolar.

Todos podemos llevar a cabo una transformación como ésta y, en muchos casos, incluso sin la ayuda de ningún psicólogo. Requerirá dedicación y perseverancia, pero la recompensa es enorme: disfrutar de la vida y de todo nuestro potencial.

Te invito a que recorras el mismo camino que Juancho. Cuantas más personas fuertes y felices seamos, mejor será el mundo que habitamos.

PRIMERA PARTE

Campeones del

CAMBIO

Campeones del cambio

Volví de la guerra en septiembre de 1918. Mi corazón lleno de júbilo y una condecoración colgando en la pechera. Me habían concedido la máxima medalla al mérito en combate a propuesta de mis soldados, que me consideraban su líder en las trincheras de Francia.

Justo antes de desembarcar en el puerto de Nueva York, entre confeti y guirnaldas, sentí que mi nueva vida no podía ser más que una extensión de mi éxito en el campo de batalla. Tenía 22 años y el futuro se me aventuraba glorioso.

Ya incorporado a la vida civil, me sentía tan fuerte que, en un tiempo récord, me saqué el título de agente de inversión en bolsa. Y eso sólo fue el inicio: el primer año de ejercicio en Wall Street gané la increíble suma de 100.000 dólares en comisiones. ¡100.000 dólares del año 1919! ¡Toda una fortuna! Mis recomendaciones de inversión eran acertadas. El atractivo torbellino de Wall Street me tenía en sus garras y me encantaba.

Pero en aquel entonces, ocurrió un episodio al que no

presté demasiada atención, aunque sin duda fue premonitorio. Fue el día de mi examen para ampliar la licencia de corredor a todo el país. Me había preparado a conciencia durante tres meses y estuve a punto de suspender por encontrarme enfermo; si es que se puede llamar enfermedad a una resaca monumental.

Después de tres meses de duro estudio, la noche anterior me había ido de copas con mi cuñado y, sin darme cuenta, volví a las tantas en un estado deplorable. Una vez delante del examen, sabía las respuestas, pero me dolía tanto la cabeza que no podía escribir en línea recta. Finalmente, aprobé por los pelos. Aquél fue un primer aviso. Para entonces ya bebía demasiado.

Pese a todo, durante algunos años más, la fortuna sólo me deparó aplausos. La bonanza de los alegres años veinte parecía ser tan sólida y esplendorosa como el imperio persa de Nabucodonosor. Me compré un apartamento de 150 metros cuadrados en Manhattan y el automóvil más caro del mercado. Pero la bebida ocupaba cada día un lugar más importante en mi vida. Una vida trepidante donde cada día había almuerzos chic, fiestas lujosas y mujeres guapas bailando al ritmo del jazz.

El declive

En un momento dado de ese período, no sé exactamente cuándo, mi forma de beber se transformó en algo serio: bebía todas las noches y buena parte de la jornada diurna, empezando justo después del desayuno. Algunos de mis amigos intentaron advertirme, pero esas conversaciones terminaban siempre en agrias discusiones. La relación con mi mujer empezó a deteriorarse. A partir de ahí, creo que en un período de tres o cuatro años, lo perdí todo: mi trabajo, mi casa, mis amigos, mi salud, el respeto hacia mí mismo y casi a mi mujer. Cuando estaba resacoso no tenía fuerzas para recabar información para las inversiones y cuando estaba borracho, mi sobreexcitación me llevaba a hacer apuestas ruinosas. De nuestro lujoso piso de Manhattan, pasamos a una habitación en casa de mis suegros y de allí a la calle, porque ni siquiera ellos pudieron soportar la peste a alcohol que me rodeaba todo el tiempo.

Entonces, alquilamos un apartamento miserable en la peor zona del Bronx y mi mujer se puso a trabajar de dependienta, doce horas al día. Cuando llegaba a casa rendida de trabajar, me encontraba siempre borracho, delirando con alguna de mis paranoias. Al despertar por las mañanas, estaba tan tembloroso que tenía que beberme un vaso de ginebra seguido de media docena de cervezas para poder desayunar algo.

Un día, un viejo colega de trabajo vino a verme a casa.

—Bill, tienes que dejar el alcohol o te va a matar. Vente a trabajar conmigo. Tú eras un gran agente: el mejor que he conocido. Te espero mañana a las 9. Juntos lo haremos.

¡Ésa era la oportunidad que necesitaba! Después de años sin trabajar, por fin podría volver a ser yo mismo. Tomé la determinación de no volver a beber jamás. ¡Y lo conseguí! Ya había tenido bastante infierno en esta vida. Pero al final de aquella semana, el mismo día de paga, me lo gasté todo en una tremenda borrachera.

Regresé a casa al cabo de cuatro días con el traje sucio, apestando a alcohol y sin saber dónde había pasado las últimas cien horas.

¿Qué demonios me pasaba? ¿Estaba loco? ¿Dónde estaba mi fuerte resolución? Simplemente no lo sabía. Alguien me había puesto una copa enfrente y me la tomé.

Todos mis intentos de dejar la bebida acababan siempre en fracasos de ese tipo. El remordimiento, el terror y la desesperación que sentía después eran indescriptibles.

El cuerpo humano es un mecanismo asombroso, porque yo aguanté ese castigo diario durante varios años más. Estuve más de siete años de mi vida bebiendo cantidades ingentes de alcohol, sin trabajar, yendo de borrachera a resaca brutal. Después me entraban unos ataques de desesperación que me hacían desear la muerte.

Cuando, por la mañana, el terror y la agonía se apoderaban de mí, me quedaba como una hora asomado a la ventana intentando reunir fuerzas para tirarme y acabar con todo, sólo para después odiarme a mí mismo por ser tan cobarde.

Ingresé un par de veces en clínicas de rehabilitación, pero, al parecer, yo era un caso perdido. Un experto llegó a decirme que yo probablemente era uno de esos casos de alcoholismo imposibles de curar. Mi cerebro hacía una reacción especial al alcohol que no podía controlar.

Al dejar la última clínica y volver a caer en la botella, me di cuenta de que me quedaba poco tiempo de vida y casi lo agradecí. Me despedí mentalmente de mi mujer: la amaba. Pero no podía más. Estaba hundido. El alcohol era mi amo.

Y, poco después, en la celebración del día del Armisticio de 1934, ocurrió algo que cambiaría mi vida para siempre. Que me catapultaría hacia lo que ahora llamo «la Cuarta Dimensión de la Existencia». Llegaría a saber lo que son la tranquilidad y la felicidad: un estilo de vida que va siendo más maravilloso a medida que transcurre el tiempo.

Un buen día sonó el teléfono. La voz de un antiguo compañero de juergas estaba al otro lado. Enseguida lo noté: ¡estaba sobrio! No recordaba ninguna ocasión en que mi amigo hubiese llegado a Nueva York sin una buena curda. Me sorprendió porque se decía que lo habían internado por demencia alcohólica. Dijo que vendría a casa a visitarme.

> Abrí la puerta y allí estaba él. Cutis fresco. Radiante.
> Había algo en sus ojos. Era inexplicablemente
> diferente. ¿Qué le había pasado?

Una nueva vida

Había sucedido que Bob, el fundador de Alcohólicos Anónimos, en la Norteamérica de los años treinta, había dejado definitivamente la bebida y, como un predicador en labores de evangelización, se plantó en casa de nuestro protagonista para mostrarle la buena nueva: «Tú también puedes cambiar». Juntos dieron inicio a una de las mayores organizaciones para el bien común que han existido nunca. Alcohólicos Anónimos tiene en la actualidad unos 12 millones de miembros en 180 países y ha salvado más vidas en toda su historia que ningún remedio médico conocido.

¿Por qué menciono a Alcohólicos Anónimos en un libro de psicología? Porque estos hombres y mujeres ofrecen el ejemplo de transformación mental más importante que se ha dado nunca y nos demuestran de una forma contundente que sí se puede cambiar. ¡Sí, como de la noche al día!

Cualquier persona que haya conocido el fenómeno del alcoholismo severo sabrá de lo que hablo. Se trata de un problema realmente difícil. Es una enfermedad increíble que trastorna a las personas hasta niveles sorprendentes. Antes de la aparición de Alcohólicos Anónimos, la mayoría de los médicos daban por perdidos los casos de alcoholismo duro. Incluso se argumentaba que debía existir una especie de fenómeno alérgico que los hacía incurables. Las personas como Bill recaían una y otra vez de la forma más salvaje. Generalmente hasta su muerte por colapso de las funciones vitales.

Pero Alcohólicos Anónimos, con su intenso programa de intervención mental, ha curado a millones de personas a lo largo de sus ochenta años de existencia. Personas que no sólo se liberan de la adicción sino que adquieren un carácter nuevo. Se transforman en personas fuertes y felices, serenas, con unas inmensas ganas de vivir y ese brillo en los ojos que detectó Bill en su amigo aquel día.

Y éste es el primer mensaje de este libro: todos podemos cambiar y podemos hacerlo de forma radical. Necesitaremos armarnos de un método y de buenas dosis de trabajo, pero la recompensa será probablemente la más importante de nuestra vida: convertirnos en la persona que queremos ser.

La esclavitud del alcoholismo es parecida a la esclavitud de los miedos exagerados o de la depresión: impiden que disfrutemos de la vida y que nos desarrollemos con todo nuestro potencial. Pero sé muy bien por mi experiencia como psicólogo que, tras romper las cadenas de la neurosis, todas las personas se muestran por fin como son: individuos maravillosos que aprecian inmensamente la vida.

Ahogarse o surfear

Muchas veces, a mis pacientes más jóvenes, les suelo poner el siguiente símil para ayudarles a comprender la dimensión del cambio que van a realizar. Les explico que la terapia busca transformarnos de la siguiente forma: hasta ahora, hemos sido como malos nadadores en un mar encrespado, gris y amenazante. Como teníamos pocas habilidades para nadar, nuestra vida ha consistido en intentar salir a flote, hundirnos, sacar la cabeza un instante para tomar aire, tragar mucha agua salada y seguir, continuamente en una lucha sin fin.

La terapia nos convertirá en otra cosa: pasaremos a vivir como el surfero que, con unas bonitas gafas de sol sobre la nariz y un daiquiri en la mano, cabalga las olas con el sol acariciándole la cara.

Para muchos, la vida es así: algo que dominan y disfrutan. Cuando miran al cielo por la mañana, los primeros rayos de sol les hablan de las delicias de la existencia, del placer de sentirse bien y saberse fuerte y feliz.

Bienvenido a este curso de transformación personal: estás a punto de emprender el camino del surfero.

En este capítulo hemos aprendido que:

- En esta vida son muchos los que han cambiado como de la noche al día: miles de personas.

- Por lo tanto: ¡se puede!

- Ahí fuera hay una manera de vivir en la que se goza casi todo el tiempo. ¡Vamos a aprenderla!

- ....
- ....
- ....
  ....
  ....
  ....
  ....
  ....
  ....
  ....
  ....

Los Cimientos de la TRANS-FORMACIÓN

Los cimientos de la transformación

Había una vez un estudiante que meditaba diligentemente en su celda del monasterio. Al cabo de un rato allí sentado, creyó ver una araña descendiendo delante de su misma cara y se asustó. Pero ahí no acaba la cosa: cada día la criatura amenazadora volvía, más grande y más fea. Tan perturbado estaba, que el joven acudió a su maestro con el problema. Le explicó que planeaba hacerse con un cuchillo para matar a la araña durante la siguiente meditación. El maestro le aconsejó que no lo hiciera. En su lugar, le sugirió que siempre que meditase llevara una tiza consigo. Cuando apareciera la araña, tenía que marcar una X en su feo y peludo vientre.

El estudiante regresó a su celda. Cuando, de nuevo, apareció la araña, reprimió su impulso de atacarla y siguió las extrañas instrucciones del maestro.

Cuando más tarde fue a contarle al anciano toda la experiencia, éste le dijo que se levantara la camisa: ¡en el propio vientre del muchacho, ahí estaba la X!

Es sorprendente ver cómo todos los problemas emocionales están en nuestra mente: incluso las dependencias como el alcoholismo o el tabaquismo. Si tenemos la clave mental para liberarnos, resulta fácil hacerlo. Pero eso sí: el cambio sólo se halla dentro de nosotros, en nuestra forma de pensar.

¿Preparado? En las próximas páginas vamos a aprender las claves del cambio emocional. Pon atención porque, si queremos transformarnos, es esencial tener muy claro cómo funciona la tecnología de la fortaleza mental. Todos podemos conseguirlo, pero depende, en gran medida, de que comprendamos bien estos primeros puntos.

Antes que nada, me gustaría presentar a tres personas: Jaume, Karoline y Elena. Jaume es un joven que conocí hace unos años en Barcelona; acababa de fundar una ONG llamada Sonrisas de Bombay para financiar el orfanato que dirigía en esa ciudad. Recuerdo que me sorprendió su normalidad. Vestía y hablaba como cualquiera de nosotros: ninguna pinta de santón o gurú; simplemente uno de nosotros al que le había entrado la «locura» de irse al otro extremo del mundo para salvar la vida de los niños más pobres.

A Karoline la conozco por medio de algunos amigos suyos. Y además sé de ella por lo que explica en su libro *El secreto siempre es el amor*. Karoline es una monja de unos setenta años, delgada, vestida de calle y con una amplísima sonrisa. Llegó a Chile a finales de los sesenta, con 25 añitos, y se fue a vivir sola a un barrio chabolista.

Y, por fin, Elena: una de mis pacientes. Una chica de 19 años: guapísima, con un *piercing* en la nariz y mucha dulzura en sus ojos. Elena, claro, acudió a mi consulta porque era demasiado vulnerable y ¡eso lo teníamos que cambiar!

Dos tipos de mentes

El caso de Elena sigue muy fresco en mi cabeza. Era estudiante de enfermería y se había intentado suicidar hacía unas semanas. Su madre estaba muy preocupada. Tuvimos la siguiente conversación:

—Elena, ¿por qué demonios has intentado matarte?

Con una carita larguísima respondió:

—Entré en crisis porque mi vida es un asco. Mi madre no para de echarme cosas en cara: que no limpio, que no ayudo... Y los estudios me cuestan demasiado. El otro día, para rematarlo, mi abuela echó a mi novio de casa y sentí que no podía más.

Regresemos a Jaume y a Karoline. Jaume Sanllorente trabajaba como periodista en una importante revista económica y, un verano, se fue quince días de vacaciones a la India. Un viaje normal de un joven normal: visita al Taj Majal, paseo a lomos de un elefante y demás. Pero, poco antes de regresar, mientras deambulaba por las calles de Bombay, el destino quiso que se detuviese frente a una bonita casa que parecía una escuela. En realidad, era un orfelinato cargado de deudas a punto de cerrar. Ya de vuelta en Barcelona, no podía sacarse de la cabeza a esos cuarenta chavales que corrían un gran peligro: las mafias iban a apoderarse de ellos para prostituirlos o explotarlos en la mendicación.

Algo impulsó a Jaume a dejarlo todo —vendió su piso y se despidió de su trabajo— para trasladarse allí a dirigir ese centro. Y desde hace ya ocho años, Jaume vive en esa megaciudad india llevando a cabo una labor social que amplía cada año a más y más niños (véase www.sonrisasdebombay.org).

Jaume me ha hablado muchas veces de la plenitud que siente dedicándose a los demás, del cariño que le llega de parte de sus colaboradores, pero también sé que, en realidad, vive junto a los barrios chabolistas más pobres del mundo. En alguna ocasión, me ha explicado que paseando entre las sucias casuchas de hojalata del *slum*, se ha encontrado dramas humanos muy duros, como ver a un pequeño, enfermo de gravedad, completamente desatendido y, por tanto, con pocas probabilidades de sobrevivir.

Pero allí, en medio de los calores, las pestes y la suciedad de los barrios pobres de Bombay, Jaume es uno de los tipos más felices del mundo.

Karoline Mayer se fue a los 25 años a Chile para trabajar con los desfavorecidos. Ahora tiene unos setenta y sigue allí, en el mismo barrio chabolista donde inició su carrera como monja obrera.

En su libro *El secreto siempre es el amor*, Karoline relata cómo al poco de llegar a Santiago de Chile abandonó la casa parroquial en la que vivía para irse a vivir a una chabola de tres metros cuadrados. En aquel momento, sus compañeras se llevaron las manos a la cabeza y también el obispado, pero ella tenía claro que quería vivir en igualdad de condiciones que las personas a las que iba a atender. En su libro, Karoline habla mucho de ese minihogar: le tiene un cariño especial.

Karoline luchó contra la dictadura militar, en defensa de los pobres y ahora, tras décadas de combate, recibe elogios y reconocimientos en Chile. Pero, ajena a los aplausos, ella sonríe y afirma que la afortunada es ella por poder ayudar a los demás.

¿Qué nos hace fuertes o débiles?

Fijémonos, por un lado, en Karoline y Jaume y, por otro, en mi joven paciente.

Elena se quejaba de las «horribles» incomodidades de su casa, de sus «agobiantes» dificultades en los estudios. Y realmente sufría por ello.

Ahora podemos preguntarnos: ¿qué significarían las dificultades de Elena para Jaume y Karoline? La respuesta es obvia: casi nada. Y eso nos da una pista muy valiosa de cuál es la clave de la fortaleza mental.

Como veremos a partir de ahora, los seres humanos somos fuertes o débiles dependiendo de nuestra filosofía de vida, de nuestros pensamientos, y ésa es la primera lección de nuestro curso de transformación. Los pensamientos son los causantes de las emociones: si aprendes a pensar de forma adecuada, aprenderás a sentir de otra forma: ¡garantizado!

Y es que si queremos transformarnos, tenemos que darnos cuenta —con muchísima profundidad— de que los pensamientos son la clave de todo. Esto es así hasta el punto de que la psicología que yo practico se llama «psicología cognitiva», es decir, «psicología del pensamiento». Esencialmente, hacerse fuerte es aprender a controlar lo que te estás diciendo a ti mismo en cada momento.

Los seres humanos somos básicamente seres pensantes. Con nuestro cerebro tamizamos toda la realidad que entra por nuestros sentidos. Como dijo Ramón de Campoamor, la vida es «según el cristal con que se mira», y esto no es sólo una frase hecha, es un fenómeno importantísimo. Epicteto, el filósofo griego, lo puso de otra forma: «No nos afecta lo que nos sucede, sino lo que nos decimos acerca de lo que nos sucede».

Jaume y Karoline manejan pensamientos diferentes a los de Elena y esto es lo que define su fortaleza. Para estos dos cooperantes la incomodidad no es ninguna molestia digna de mencionarse y, por supuesto, comprenden que todos fallamos (sí, incluso los padres y las abuelas). Jaume y Karoline tienen bien instaurada en su mente la idea de que van a disfrutar de la vida caiga quien caiga, cualesquiera que sean las circunstancias. Y así es para ellos.

La buena noticia es que si cualquiera de nosotros empieza a pensar como ellos, se va a hacer así de fuerte. Por cierto, así lo hizo Elena.

Neo y las píldoras rojas de *Matrix*

Cuando hablo de psicología cognitiva, me acuerdo a veces de la película *Matrix*, porque lo que se narra en ella tiene algo que ver con lo que hacemos los psicólogos cognitivos en nuestra consulta.

En esa peli, Neo (Keanu Reeves) conoce a un gurú llamado Morfeo (Laurence Fishburne) que le da a elegir entre tomar dos pastillas: una azul y otra roja. Morfeo, vestido con un largo abrigo negro, le dice con voz grave y pausada: «El mundo que has tenido hasta ahora ante tus ojos es un engaño. Vives en una prisión para tu mente. Si tomas la pastilla azul, todo seguirá como hasta ahora; si escoges la roja, te enseñaré otra realidad completamente diferente, llena de posibilidades».

Neo escoge la pastilla roja y, ¡flash!, aparece un mundo

nuevo ante sus ojos. A partir de entonces, adquiere poderes especiales y empieza la película de acción.

Los guionistas de *Matrix* basaron parte de su historia en la filosofía budista y en el Tao más antiguo. Ambas disciplinas llegaron a la misma conclusión que manejamos los psicólogos cognitivos: la realidad depende de la lectura que hacemos de ella y si aprendemos a manejar ese guión, el cambio puede ser espectacular. Los monjes budistas más avanzados tienen un control muy alto de su mundo emocional, lo cual, a veces, puede resultar espectacular, casi mágico.

Nuestra magia consiste en convertirnos en personas emocionalmente fuertes. Pero en vez de tomarnos una pastilla, lo que haremos es dedicar muchas horas de trabajo al análisis y al cambio de nuestras pautas mentales.

El fallo primordial

Sí, los seres humanos podemos comprender que «todo es según el color del cristal con que se mira», pero ¡lo olvidamos tan rápido! **Tenemos una fortísima tendencia a creer, una y otra vez, que los hechos externos son los responsables de nuestro estado de ánimo.** Se trata de un defecto de fábrica y nuestro lenguaje habitual es muestra de ello. Muchas veces, decimos frases del estilo:

> «Esta tarea me pone frenético»
>
> «Las críticas de mi hijo me han dejado hecha polvo»
>
> «¡Juan me saca de mis casillas!»

¡Y todo lo anterior es falso!

Haríamos bien en cambiar todas esas frases por:

> «Yo escojo ponerme frenético con este trabajo»
>
> «Yo me hago polvo a partir de las críticas de mi hijo»
>
> «Me he convertido en alguien tan débil que hasta Juan me saca de mis casillas»

Porque la realidad es que somos nosotros los que nos provocamos las emociones. ¡Basta de echarle la culpa a los demás o al mundo de nuestra infelicidad!

Hasta que no asumamos nuestra autoría sobre las emociones, no seremos capaces de tener el control de nuestra mente. Pero puedo asegurar que todos los pacientes que han llevado a cabo una terapia cognitiva —y son cientos de miles a lo largo de las últimas décadas— pueden certificarlo: cambiando nuestra antigua manera de pensar, decimos adiós al estrés, los nervios, la ira, la vergüenza o la tristeza excesiva.

¿A qué estamos esperando?

Ideas cuartelarias en pleno siglo XXI

A todos esos pensamientos que nos causan malestar emocional, que nos hacen débiles, los psicólogos racionales los llamamos «creencias irracionales». Veamos las características de estas creencias con un ejemplo.

Diego vino a verme hace muchos años, en el inicio de mi trabajo como terapeuta, y me presentó un caso curioso, sobre todo por su resolución. Era un joven de unos 20 años que estudiaba medicina y un gran deportista. Practicaba el atletismo y competía en certámenes europeos. Era muy buena persona, sensible y agradable con todo el mundo. Pero Diego estaba deprimido desde hacía unos meses. Le pregunté por la causa de su tristeza y me respondió:

—Porque lo he dejado con Marga. No sé por qué, pero no consigo superarlo.

—¿Y llevabais mucho tiempo juntos? —pregunté.

—No; sólo un par de meses, pero estoy hecho polvo. Sobre todo por cómo ha ido —añadió.

Y, no sin dificultad, Diego me explicó la causa de la ruptura: claramente avergonzado, confesó que en la primera noche que Marga y él estuvieron juntos, no había conseguido la erección. Seguí indagando:

—¿Y qué pasó? ¿Ella se enfadó?

—No. No es eso. La cosa es que yo me puse fatal y tuve que irme. ¡Y ya no la he visto más! —explicó con la mirada gacha.

—Pero ¿ella estuvo rara, te echó en cara tu impotencia?

—No, no. Ella no dijo nada.

—Entonces ¿ha sido ella quien no ha querido volver a verte o has sido tú? —pregunté.

—He sido yo.

Hasta aquí, nada que pueda sorprender a un psicólogo. Al problema de Diego lo llamamos «ansiedad de rendimiento». Cuando nos presionamos para hacer las cosas tan y tan bien, podemos llegar al colapso. Se trata de un fenómeno especialmente común en aquellas tareas relacionadas con el disfrute o con el arte. Para todo lo que requiera de espontaneidad.

Ya en esa misma primera sesión confirmé que, en realidad, Diego no tenía ningún problema de impotencia fisiológica. De hecho, podía masturbarse sin ninguna dificultad.

Seguí investigando:

—¿Ésta es la primera vez que fallas con una mujer o ha sucedido más veces?

—Eso es lo peor. Sólo he estado con otras dos mujeres y ¡me sucedió lo mismo! —me dijo.

—Pero ya ves que tú sí puedes tener erecciones... Entonces ¿dónde crees que está el problema? —le pregunté.

—¡Lo sé! En que me pongo nervioso, pero no sé cómo evitarlo.

¡No sólo nervioso! ¡Mucho más que eso! Diego me explicó que sólo el hecho de pedirle el teléfono a una chica para ir al cine, ya le revolvía el estómago. No podía evitar anticipar el fracaso en la cama. Además, en esas veladas inocentes en el cine o de paseo, también estaba tenso porque el problema planeaba todo el tiempo por encima de su cabeza.

Estaba claro que toda su dificultad se debía a la tensión que él mismo se provocaba. Estuvimos hablando de ello y le pregunté:

—¿Sabes por qué te tensionas tanto ante la idea de hacer

el amor? Porque le das demasiada importancia a hacerlo bien o mal.

—Pero, Rafael, ¿qué pensará ahora Marga de mí? ¡Que soy un impotente!

—¡No! Pensará que estabas nervioso y punto. Otro día funcionarás. Las mujeres son mucho más comprensivas de lo que te piensas. ¡La gente en general lo es!

—¿Qué dices? ¿Y si nunca puedo hacerle el amor a una mujer? Te lo confieso: no he dormido algunas noches pensando en eso.

Diego era un chico inteligente y con una gran formación, pero aun así albergaba fuertes creencias irracionales acerca del sexo y las relaciones humanas. Me explicó de dónde procedían.

Diego vivía con su madre y, esporádicamente, se les unía su hermano mayor, Tomás, militar de profesión. Su padre murió cuando Diego tenía sólo 8 años y, desde entonces, Tomás se había convertido en su referente. Diego me explicó la ideología sobre el sexo que había heredado de su hermano. Una vez, éste le había dicho:

—¡Si dejas insatisfecha a una mujer, olvídate de ella para siempre!

Y en otra ocasión:

—En la vida, ¡hay que tener huevos y una buena tranca!

Por estúpidas que sean, hay ideas que a un niño le quedan grabadas para siempre. Sólo hace falta que se las diga una persona que admira y que, luego, no tenga la oportunidad de debatir en torno a ellas con nadie.

Huelga decir que, en pocas semanas, en cuanto Diego abandonó los conceptos «cuartelarios» de su hermano, dejó de experimentar problemas de erección. Y, además, lo comprobó con la misma Marga, quien estuvo encantada de volver a quedar con él. De hecho, ella se había quedado con la impresión de que era Diego quien la rechazaba, quizá por poco atractiva.

Durante la terapia, repasamos las creencias que ponían nervioso a Diego:

—Si no satisfago a las mujeres, éstas me menospreciarán por mi falta de hombría.

—Eso ocurre en la práctica totalidad de casos de impotencia.

—Si las mujeres me rechazan, estaré condenado a una vida de soledad.

—Cuando mi hermano sepa que hay un problema en mí —debido a mi soltería— también me despreciará.

—Yo necesito la aprobación de mi hermano porque es prácticamente el padre que no he tenido.

En un momento dado del tratamiento, le dije:

—Diego, ¡cómo eres! Si yo tuviese esas mismas ideas, ¡te aseguro que tampoco tendría una erección!

A esto es a lo que los psicólogos llamamos «creencias irracionales». Son creencias que hemos adquirido en algún momento de nuestra vida —a través de educadores, amigos o nuestra propia experiencia— y que son exageraciones o directamente asunciones falsas que nos presionan hasta complicarnos la vida.

Todas y cada una de las cinco ideas que tenía Diego sobre el sexo, las relaciones sentimentales y su hermano eran irracionales. ¡Incluso la relativa a Tomás! A raíz de la terapia, Diego tuvo una conversación sincera con él y éste ¡le confesó que era homosexual! Tomás se sintió fatal por insuflar esa inseguridad en Diego y decidió, ese mismo día, salir del armario y abandonar la careta supermachista que había llevado hasta el momento.

Creencias irracionales

Las creencias irracionales son todos aquellos pensamientos que generan malestar y debilidad emocional. Son fatales y, sin embargo, las sostenemos. Incluso las defendemos públicamente. Llevo mucho tiempo dando conferencias sobre psicología cognitiva y, frecuentemente, me encuentro con personas que se enfadan cuando intento desmontar algunas de las creencias irracionales más extendidas. ¡Y eso que son pensamientos que yo sé que las están perjudicando! ¡Levantan la mano y protestan airadamente! Así son estas creencias: por alguna razón, nos apegamos a ellas.

Podríamos definir las creencias irracionales como:

- ideas autopresionantes
- superexigencias

Y, como veremos a lo largo de este libro, tendremos que esforzarnos por cambiarlas por creencias racionales que son:

- renuncias que simplifican la vida
- ideas que nos sacan presión

Nuestro querido Diego se había creado la necesidad absoluta de ser un campeón en la cama y esa exigencia le causaba tal presión que paradójicamente le impedía tener una erección. Era obvio que tenía que cambiar esa absurda idea para disfrutar de una actividad tan natural y fácil como es el sexo.

Albert Ellis, el padre de la psicología cognitiva, estableció una clasificación de todas las creencias irracionales que pueden existir —y puede haber infinitas—. Le salieron 3 grupos:

1. ¡Debo! hacer las cosas siempre bien.
2. La gente me ¡debe! tratar bien.
3. El mundo ¡debe! funcionar de forma correcta.

Fijémonos que las creencias irracionales son siempre «deberías», exigencias absolutistas cargadas de presión y con la absurda lógica de la obligación. Y podemos perpetrarlas en relación con nosotros mismos, a los demás y al mundo.

Sin embargo, **una persona sana y fuerte se cuida mucho de no exigirse nunca nada**. Si pudiéramos entrar en la cabeza de nuestros héroes del inicio del capítulo, Jaume Sanllorente o Karoline Mayer, veríamos que sí, se apasionan por proyectos e ideales, pero sin un ápice de loca presión.

Las creencias racionales, las que nos permiten disfrutar de la vida, se parecen a las siguientes aseveraciones:

- Para ser feliz, no es necesario hacerlo TODO bien, sino con amor.
- No necesito que TODO el mundo me trate bien TODO el tiempo.
- El mundo nunca ha funcionado perfectamente y, pese a eso, mucha gente ha conseguido disfrutar de la vida. Yo también puedo hacerlo.

Las creencias racionales son mucho más lógicas, sosegadas y maduras; producen ilusión por mejorar las cosas, pero sin obsesionarse con determinado resultado, y son la elección de las personas más fuertes y sanas. Todos podemos aprender a manejarlas. Elena, la joven agobiada por su familia, y Diego, el estudiante que se presionaba con el sexo, lo consiguieron.

¿No vas a poder tú también?

«Bastantidad» frente a insaciabilidad

Un famoso psicólogo cognitivo llamado Anthony de Mello empleaba la palabra «bastantidad» para definir el estilo de pensamiento de las personas emocionalmente fuertes. La «bastantidad» consiste en darse cuenta de que los seres humanos necesitamos muy poco para estar bien. La «bastantidad» es decirnos «ya tengo bastante» en cada momento de nuestra vida. **En todos.**

El neuroticismo, por el contrario, es una especie de insaciabilidad mental.

Los seres humanos cada vez estamos más neuróticos. En la actualidad, el 30 % de las personas están bastante mal a nivel emocional, por no decir muy mal.

Para comprender a qué nivel de insaciabilidad o superexigencia hemos llegado, podemos compararnos con nuestros abuelos o tatarabuelos. Hace pocos años, en 2008, se estrenó un documental titulado *El somni* (el sueño). Dirigido por Christophe Farnarier, trataba sobre el último pastor trashumante del Pirineo catalán: un tipo excepcional llamado Joan Pipa.

Este hombre risueño de 71 años es una reminiscencia del hombre de hace unos doscientos años. Nació en el Pirineo catalán y aparte del servicio militar realizado en Mallorca en 1960, nunca ha salido de la montaña.

Joan es un hombre simpatiquísimo, que viste de forma sencilla: una camisa gastada, un pantalón ajustado con una gran faja de lana y una gorra permanentemente calada. A los labios, una pipa que empezó a fumar a los 6 años. En la televisión pública catalana, TV3, se emitió una entrevista y apareció con unos zapatos «de vestir». Entre risas, Joan dijo: «Hace cuarenta años que los tengo. Me los pongo sólo en los entierros».

Pero la característica fundamental de Joan Pipa es su alegría: su humor, sus cantos, su risa pegadiza. En la entrevista que le hizo el famoso periodista Albert Om, canta melodías de montaña en directo y suelta perlas de este tipo:

—Mi tío fue mi maestro. Un hombre muy fuerte que se dedicó siempre a las ovejas. No durmió nunca en una cama. Si las ovejas dormían en el corral, él también. Pero si dormían fuera, él se iba fuera también. Comió muy pocas veces en una mesa. Él siempre del zurrón. Y tampoco usó nunca el dinero.

—¿Cómo que no usó dinero?

—No. Hasta el tabaco que fumaba lo cultivaba y secaba él. Y si tenía que comprar algo, cosa que pasaba raramente, se lo comprábamos nosotros. ¡Era un gran hombre!

—¿Qué me dice? ¿No había comprado nunca nada?

—¡Nada! Y murió a los 101 años y hasta los 100 estuvo trabajando como el primer día.

—Era un hombre muy particular, ¿verdad, Joan?

—Era extraordinario. Y siempre fue soltero: nunca montó a mujer.

Joan ríe a cada frase y contagia su alegría de vivir. Sus pasiones son la naturaleza, su familia y sus amigos pastores. Su modelo, como hemos visto, era su tío, otro hombre sencillo, pero de valores firmes. Joan tiene casi mil ovejas y afirma conocerlas a todas. Por supuesto, trabaja todos los días, incluido en Navidad. Al respecto, el entrevistador le pregunta:

—¿Usted no hace vacaciones nunca?

—Sí y no. Porque, en realidad, yo hago fiesta cada día. Salir con los animales es para mí hacer fiesta. Si uno disfruta con su trabajo, se convierte en algo muy hermoso. Si no, también es cierto, puede ser muy duro.

Hasta hace relativamente poco, la mayor parte de la gente era como Joan Pipa. Personas que vivían en contacto con la naturaleza.

En España, a principios del siglo xx, el 65 % de la población se dedicaba a la agricultura y la ganadería, labores físicamente duras, pero que, por «la cultura de la sencillez» que trae aparejada, proporcionaban una filosofía de vida magnífica.

Mi padre también fue pastor en el Pirineo catalán y también comparte la fuerza de Pipa. Como veremos a lo largo de este libro, ya sea en la ciudad o en el campo, todos podemos volvernos así. Ricos o pobres, cultos o ignorantes, en realidad, **nuestra mente está hecha para disfrutar de la vida sin locas exigencias ni presiones**.

z^z_z

Comer, beber y dormir en un tonel

Como hemos visto, para convertirnos en hombres como Pipa tenemos que adquirir la «bastantidad», virtud que se basa en el presupuesto de que todos los seres humanos necesitamos muy poco para estar bien. En concreto, sólo necesitamos la comida y el agua del día, y quizá un poco de cobijo para los días fríos, pero poco más.

Se dice que san Francisco de Asís dijo, al final de su vida:

«Cada vez necesito menos cosas y las pocas que necesito, las necesito muy poco». Y éste es un buen resumen de la que fue su estrategia general para convertirse en alguien fuerte y vibrante.

Del célebre filósofo Diógenes, se cuenta la siguiente anécdota:

Estando Diógenes en Corinto, llegó a la ciudad el gran conquistador Alejandro Magno. El filósofo se hallaba sentado al sol junto al gran tonel en el que dormía. Se trataba de una enorme tinaja tumbada junto a las escaleras que daban acceso al ágora.

El emperador llegó con su aparatoso ejército y toda la población fue a recibirlo. Alejandro estaba de paso en la ciudad y después de saludar a los nobles, quiso conocer a Diógenes antes de partir. Ordenó que le condujeran a su morada.

El filósofo, absolutamente indiferente al boato del rey, seguía sesteando delante del tonel.

—Filósofo —dijo el rey—, soy un gran admirador tuyo. Me he desviado de mi ruta sólo para conocerte. Iba a traerte un regalo, pero no he encontrado nada lo suficientemente valioso para un maestro como tú. Pídeme lo que desees y te será concedido de inmediato.

—Muy bien. Sólo te pediré una cosa: apártate para que me pueda seguir bañando el sol.

Cuentan que, al marchar, los hombres del emperador

empezaron a criticar al sabio. Alejandro les detuvo diciendo:

—En verdad os digo que, de no ser Alejandro, de buena gana sería Diógenes.

Las necesidades inmateriales

Siempre que hablo de «bastantidad», la gente suele darme la razón en cuanto a los bienes materiales. Me dicen: «Es cierto, Rafael, tenemos demasiadas cosas. Esta sociedad de consumo es una exageración». Pero frecuentemente no caemos en que la «bastantidad» también hace referencia a los bienes inmateriales.

En Occidente somos insaciables también en referencia a las virtudes, los amigos, la salud, el amor sentimental, la cultura, la extroversión, la necesidad de respeto, la libertad, la pasión vital, el entretenimiento... Es decir, muchas veces enfermamos más por exigirnos bienes inmateriales que por dinero o poder.

Creer que se necesita «aprovechar la vida» o «tener hijos», por ejemplo, es tan absurdo como creer que se necesita un Ferrari, pero parece que la pasión vital es un objetivo más digno que un deportivo y por ello, tiene mayor credibilidad.

Nunca seremos personas psicológicamente sanas si nos permitimos más necesidades que las de tener la comida y la bebida del día. Si entramos en la dinámica de la insaciabilidad, tras satisfacer una de esas exigencias, vendrá otra y otra y otra, en un bucle sin fin. Ninguna de ellas, por virtuosa que parezca, cabe en la mente de una persona fuerte.

En este capítulo hemos aprendido que:

- Los pensamientos producen las emociones.
- Para hacernos fuertes tenemos que cambiar nuestro diálogo interno.
- A los pensamientos nocivos les llamamos «creencias irracionales».
- Las creencias irracionales son superexigencias para nuestra mente.
- Una buena filosofía de vida está basada en la «bastantidad» tanto en lo material como en lo inmaterial.
- A mayor «bastantidad», mayor fuerza, libertad y salud mental.

-
....
-
....
-
....
....
....
....
....
....
....
....

Las REGLAS BÁSICAS

3

Las reglas básicas

Un pastor cuidaba de su rebaño cuando un forastero
se acercó y comenzó a hacerle preguntas:

—Dígame, ¿cuánto caminan sus ovejas en un día?

—¿Se refiere usted a las blancas o a las negras?

—contestó el pastor.

—Digamos que a las blancas.

—Unos tres kilómetros.

—¿Y las negras?

—Tres kilómetros también.

Al cabo de un rato, el forastero volvió a preguntar:

—Y ¿cuánto comen?

—¿Las blancas o las negras? —preguntó el pastor.

—Las blancas.

—Como dos kilos de hierba, señor.

—¿Y las negras?

—Dos kilos, también.

El forastero comenzaba a ponerse nervioso, pero
siguió preguntando.

—Y ¿cuánta lana dan sus ovejas?

—¿Las blancas o las negras?

—Veamos las blancas primero.

—Seis kilos de lana al año, caballero.

—¿Y las negras?

—Seis kilos también.

Y ahí se le acabó la paciencia al forastero, que exclamó con indignación y sorpresa:

—¿Acaso me está tomando el pelo? ¡Me hace aclarar si me refiero a las blancas o a las negras para nada! Dígame de una vez: ¿hay alguna diferencia entre ellas?

—Claro que sí, caballero —contestó el pastor con serenidad y una sonrisa en los labios—, ¡las ovejas blancas son mías!

—¿Y las negras? —preguntó el forastero para satisfacer la última curiosidad.

El pastor, sin perder la sonrisa, contestó:

—Las negras, también.

En el presente capítulo vamos a terminar de ver los elementos básicos de la terapia cognitiva. Este cuento encierra una verdad relacionada con ellos: **en esta vida no importan nuestras circunstancias, sino lo que hacemos con ellas**. Tanto dan las blancas o las negras, lo importante es armarnos de la actitud mental correcta.

Desde hace un tiempo, cada miércoles acudo a un programa de Televisión Española para hablar de temas de psicología y suelo ponerme camisetas con mensajes. Una de esas frases es «la vida es un chollo». Con ello quiero expresar que, al contrario de lo que se ha dicho, la vida no es un «valle de lágrimas» ni es «dura» ni nada de eso. La vida es muy fácil si tienes la cabeza bien amueblada.

Charles Darwin, el padre de la teoría de la evolución, uno de los cuatro científicos más importantes de todos los tiempos, dice en uno de sus libros: «Después de todos los viajes que he hecho, de todas las especies que he estudiado, he llegado a la conclusión de que **el destino del ser humano es ser muy feliz porque todos los animales, en libertad, lo son**. Es obvio que el que reina en la pirámide también».

Pero es cierto que, en pleno siglo XIX, el biólogo inglés también se preguntaba: «¿Y por qué no lo somos?». La respuesta es evidente. El mismo Darwin se contestaba: «Porque vivimos de forma antinatural». Nos inventamos necesidades cada vez más imperiosas y urgentes que, en poco tiempo, se transforman en pesadísimas cargas.

Y es que nuestra mente, cuando funciona mal, genera necesidades exageradas a toda máquina para sufrirlas luego como si cada una de ellas fuese un tizón ardiente contra la piel.

Pero una persona que, como Joan Pipa, el pastor trashumante del capítulo anterior, limita sus necesidades, vive sus días en armonía. Se trata, como veremos a continuación, de un ejercicio más mental que de facto, de una limitación de la importancia que le damos a las cosas. Podremos ser presidentes de la nación o directivos de grandes empresas, pero con la actitud mental adecuada, viviremos nuestro día a día con la alegría de Diógenes o Pipa.

¡A jugar! ✳

Una de las características de las personas sanas y fuertes es que le echan pasión a lo que tienen entre manos. Pero lo hacen lúdicamente. Sin miedo. Disfrutan de su trabajo y de sus aficiones, del cuidado de su salud y de sus hijos, pero no se preocupan por ello. Viven la vida como un juego.

Y eso es posible porque son muy conscientes, a un nivel filosófico, de que lo esencial es lo esencial y lo demás, añadiduras sin importancia. Saben muy bien que lo básico es comer, beber y amar la vida y a los demás. Entonces, son capaces de emprender negocios, viajes, relaciones y toda clase de proyectos con la actitud del muchacho que juega un apasionante partido de fútbol con sus amigos. Si conseguimos determinado resultado, genial. Si no lo hacemos, también genial. Lo importante es el proceso, la diversión del momento.

Albert Casals es un joven viajero que publica libros de mucho éxito en Cataluña. Empezó a viajar solo a los 15 años, con dos particularidades: sin prácticamente dinero y subido a una silla de ruedas, ya que no puede andar desde que, a los cinco años, sufriera una leucemia.

El siguiente extracto de su libro *El mundo sobre ruedas*, da indicios de su forma de ser:

No es que Bangkok no me gustase, eso está claro. En esta ciudad pasé unos buenos días, siempre acompañado, viendo y visitándolo todo (el mercado flotante, un palacio, los barrios menos turísticos de la ciudad, un cine gigante), pero ahora me apetecía un lugar más tranquilo. [...]

Decidí preguntar a los tailandeses que conocía [...] y dijeron que tenía que cambiar de costa e irme a las regiones más afectadas por los huracanes.

Espera. ¿Has dicho... huracanes? ¿Huracanes? Bien, supongo que no es necesario decir que al oír esta palabra, pronunciada tan a la ligera, los ojos se me iluminaron de ilusión anticipada, y no tardé en reunir toda la información posible al respecto.

Por lo visto, aquélla era la época de los monzones y, en consecuencia, algunas regiones de Tailandia se encontraban bajo el riesgo de huracanes. No había riesgo ni en Phi Phi ni en Phuket (razones por las cuales proliferaba el turismo en estas islas), pero sí en lugares como Ao Nang. [...]

Al cabo de unos días me encontré viajando en un bote hacia la isla de Ao Nang. [...] El caso es que me lo estaba pasando tan bien allí que decidí desembarcar en la última isla de todo el recorrido para poder pasar el mayor tiempo posible en el bote. El resultado fue que llegué a Tonsái, esperando encontrar una isla como cualquier otra... y lo que encontré me pareció lo más cercano al paraíso. [...] Todo se limitaba a unas pobres cabañas dispersas a lo largo de la costa... y eso era todo. El resto era selva. [...]

Mis primeras estimaciones concluyeron que no vivían allí más de cincuenta personas, como máximo, y que el terreno habitable no debía de superar los tres o cuatro kilómetros cuadrados. Y lo más importante era que, en un lugar así, ya no quedaba rastro de la profesionalidad o de la seriedad que me había encontrado en lugares como Phuket o Phi Phi. Si ibas a Tonsái eras un amigo, sencillamente, y como amigo se te ofrecía absolutamente todo lo que estaba al alcance de los habitantes de la isla: la libertad absoluta... y algunas tonterías más.

Pronto decidí que «mi casa» o mi centro de operaciones sería el único bar de la isla, y el propietario del bar estuvo encantado cuando le dije que, si no le importaba, me quedaría a dormir en el trozo de playa que había delante del mismo (en Tonsái todo tenía un trozo de playa delante, claro). Que yo supiese, en la isla sólo había tres «servicios»: el bar, un hombre que alquilaba cuatro o cinco cabañas que había construido, y una chica que vendía, alquilaba y cambiaba libros. [...]

Durante los días que siguieron fui entrando en aquel peculiar estilo de vida que regía en Tonsái, y descubrí centenares de cosas sorprendentes: en la isla se organizaban hogueras y fiestas por la noche [...], se podía jugar al cuatro en raya con el dueño del bar (un auténtico experto), se hacían excursiones para ir a visitar las cuevas ocultas de los alrededores y se conocía a una gran cantidad de viajeros, porque cada vez que llegaba alguien a la isla era todo un acontecimiento, y era imposible no conocer a todo el que llegaba. Al final me acabé sintiendo como si formase parte de aquella gran familia, lamentando sinceramente la partida de cada persona que se iba, y alegrándome de conocer a cada viajero que llegaba. [...]

Definitivamente era hora de partir. [...] Había llegado el momento de visitar el norte de Tailandia, [...] así que, cuando uno de los propietarios de las barcas de la isla me comunicó que por la tarde haría un viaje a tierra firme para comprar provisiones y frutas, no me lo pensé dos veces y le dije que iría encantado. Aparentemente, no era el único que había tomado esta decisión, porque en el *longtail boat* había más de diez personas de toda la isla cuando finalmente subí. Diez personas secas y confiadas, esperando un viaje tranquilo hacia Ao Nang... una esperanza que quedaría brutalmente truncada al cabo de pocos minutos.

Al principio, la cosa empezó como un simple viento muy revelador, porque permitió discernir al instante las personas optimistas de las pesimistas; unos ponían cara de «¡bah! ¿Qué puede pasar por una simple brisa?», y otros empezaron a hacer testamento. Pero la cosa no quiso quedarse en eso, y todos fuimos viendo cómo, centímetro a centímetro, el agua se iba agitando cada vez más, hasta que nos azotó la primera ola.

El piloto aseguraba que ya quedaba poco para llegar, y más le valía estar en lo cierto, porque las cosas empeoraban a marchas forzadas. [...] Poco después, la barca se empezó a inundar preocupantemente, y todo el mundo empezó a subirse a sus maletas para mantenerse mínimamente seco; [...] El huracán tuvo la amabilidad de parar al límite de la supervivencia. Eso sí, no se salvó ni una maleta: todas acabaron empapadas, mientras la gente lamentaba con amargura la pérdida de sus apreciadas cámaras de fotos y/o móviles, por no mencionar aquellas maletas que sencillamente habían saltado por la borda. [...] La verdad es que no llegué a vivir el huracán con toda su fuerza, porque probablemente no lo habría contado, pero lo que viví se acercó bastante. [...] En definitiva, fue una travesía memorable y realmente divertida, porque llegamos justo a tiempo de ver cómo el terrible huracán arrasaba la zona donde habíamos estado unos minutos antes.

¡Cómo es este chico!, ¿verdad? En *El mundo sobre ruedas* relata dos o tres episodios más como ése. En otra ocasión cae en manos de contrabandistas y en otra se encuentra lesionado y solo en medio de la nada, pero nunca pierde el sentido del humor.

Y es que, desde pequeño, Albert es capaz de viajar por el mundo —solo y sin apenas dinero— porque tiene una gran filosofía de vida que, por cierto, él denomina «felicismo». El felicismo consiste en emprender lo que más te guste en cada momento de tu vida, sin dar muchos rodeos. Y, sobre todo, jugar al juego de la vida sin darle esa trascendencia loca que le damos a todo en la actualidad.

Está bien tener deseos, metas y objetivos. Todas las personas sanas, incluidos los niños, sienten el impulso de emprender tareas. Pero lo lógico es que todos estos proyectos sean vividos como un juego.

Si hemos determinado que lo único que necesitamos es la comida y la bebida del día, se deduce que no es necesario hacer nada más. Podemos trabajar, esforzarnos en múltiples aprendizajes y empresas, pero teniendo siempre claro que se trata de divertimentos: ¡nada que realmente vaya a suponer el fin del mundo o su inicio!

Tener deseos está bien, pero hemos de ir con cuidado de no convertirlos en necesidades absolutas porque el ser humano tiene ese defecto de fábrica: convierte todo el tiempo simples deseos en necesidades locas. Si nos acostumbramos a tomar determinada marca de agua todos los días, por ejemplo, Agua de la Sierra del Marqués, es muy posible que pasemos de decir: «Me encanta el Agua de la Sierra del Marqués» a gritar: «¡Necesito el Agua de la Sierra del Marqués! ¡Sin ella, no puedo disfrutar de la comida!».

Los seres humanos somos así. La filosofía budista llama a este fenómeno «apegarse» y nosotros, los psicólogos cognitivos, «convertir deseos en necesidades absolutas». **Sólo tras aprender a no apegarse a las cosas ni a las personas, empezamos a disfrutar de verdad de ellas.**

Rendir más y mejor

Tanto en conferencias como cuando hablo con los pacientes, siempre que digo que «la vida es juego», cuando insisto en que podemos tomarnos el trabajo o las relaciones a la ligera, planea sobre las mentes de los que me escuchan la siguiente objeción: «Pero entonces ¿no me volveré un pasota?»; «¿No caeré en una indolencia que me hundirá en las profundidades del fracaso social y personal?».

La respuesta es contundente: «No». Simplemente eso no sucede. A las personas que se toman la vida así, de hecho, les ocurre todo lo contrario: jugando, divirtiéndose, es cuando sacan lo mejor de sí mismos.

Porque la fuerza del goce es enorme; la fuerza de la obligación, mucho menor.

Yo hago deporte casi todos los días y me encanta correr un rato por el parque. Me pongo música y disfruto del paisaje. He probado, por otro lado, a nadar en la piscina, pero nadar no me gusta. No sé hacerlo muy bien, me cansa mucho y, simplemente, me aburre. En las pocas ocasiones en que he hecho natación, a los veinte minutos no puedo más. Salgo de allí cansado como si hubiera hecho media maratón. Como no disfruto haciéndolo, rindo muy poco y encima parece que he hecho mucho. Todo lo contrario que corriendo. Y jugando al fútbol o al baloncesto todavía mejor: puedo estar un par de horas dándolo todo en la cancha como si nada. ¿No es evidente? ¡Donde esté la fuerza del disfrute, que se quite la mediocridad de la fuerza de voluntad!

¿Qué es lo que da la felicidad?

Hace poco vino a verme una chica que estaba deprimida porque su novio la había dejado. Estuvimos revisando el diálogo interno que la estaba perturbando y, rápidamente, admitió que se decía algo así como: «¡La vida es un asco sin pareja!», además de «un fracaso personal».

Y a partir de ahí mantuvimos un diálogo sobre la verdadera fuente de la felicidad:

—Silvia, la pareja nunca ha dado la felicidad a nadie. Fíjate en ti misma. ¿No estabas bien antes de conocer a Manolo? —le dije.

—Sí, la verdad es que sí. Estaba en primero de carrera, contenta con mi vida —respondió.

—¿Lo ves? Conocer a tu novio estuvo bien, pero tú ya eras feliz. La pareja, tener un buen trabajo, estar delgado... son añadiduras, pero no la verdadera fuente de la felicidad.

—Entonces, Rafael, ¿cuál es esa fuente? ¿Qué es lo que da la felicidad?

—Simplemente, tener el coco bien amueblado: tener «bastantidad».

Y es que la vida está llena de posibilidades de disfrute, si no nos apegamos a ninguna de ellas.

Muchas veces, les digo a mis pacientes que no hay nada más bello que apreciar que ahí fuera hay colores, luz, objetos vivos en movimiento como las hojas de los árboles. Llegará un momento en que ya no los habrá. En este universo, todo tiene su final y quizá dentro de cincuenta o cien años, hayamos destrozado de tal forma el planeta, que el color, la luz o los árboles no sean lo mismo. O directamente habrá reventado la Tierra.

Cuando estamos cuerdos, apreciamos el milagro de la vida ahí fuera y esa sutil apreciación basta para llenarnos el corazón: ni novios, ni empleos perfectos... basta con la luz del sol al amanecer.

Por eso, **tener una mente saludable implica no apegarse a nada ni a nadie**. La felicidad, como le señalé a Silvia, la da no crearse necesidades y disfrutar de lo que se tiene en cada momento.

Después de aquel primer diálogo, la paciente se quedó pensativa y me confesó:

—Además, si lo pienso bien, tampoco estábamos bien juntos.

—¿Lo ves? Tu necesidad actual es absurda —apunté.

—¿Y por qué me sucede esto? ¿Por qué estoy obsesionada con algo que ni siquiera fue tan bueno? —me preguntó confusa.

—Ah, esto es porque has desarrollado la mente del mono loco.

Cuando nos volvemos locos, olvidamos que la felicidad reside en nuestra mente y empezamos a buscar compulsivamente fuentes de gratificación externa. Entrar en ese juego es perjudicial porque, entonces, seguro que adquirimos la mente del mono loco. El mono loco es un primate que va de rama en rama, frenético, buscando la rama perfecta donde estar perfectamente cómodo. Y no la encuentra jamás.

Silvia había empezado a caer en esa trampa e iba loca de objeto en objeto buscando la felicidad. Cuando estaba con su novio se decía: «¡Esta relación es un asco! ¡Necesito que la relación funcione de otra forma o esto no lo aguanto!»; y cuando su novio la dejó: «¡Necesito a mi ex novio o la vida también es un asco porque no sé estar sola!». Probablemente, de encontrar otra pareja, en poco tiempo, empezaría a quejarse de algo diferente: del trabajo, de su vida social, de esa nueva pareja, de su cuerpo, de la propia ansiedad...

La mejor respuesta a la pregunta de Silvia: «¿Dónde está la felicidad?» se la podía dar cualquier mono sano: «La felicidad está en cualquier rama, ¿no lo ves?».

Un antiguo cuento zen ilustra este concepto:

Érase un ratón que se hallaba en constante estrés por miedo al gato. Un mago se apiadó de él y lo transformó en un ágil felino. Pero, entonces, el pobre animal se empezó a asustar del perro. El mago, con otro golpe de vara, lo transformó en un fuerte can. Pero, al poco tiempo, el agobiado animal empezó a temer al tigre. El mago, aunque ya un poco cansado, lo transmutó en un poderoso tigre, el rey de los felinos. Y en ese punto, a nuestro animal le entró un ataque de pánico ante la presencia del cazador. El mago dio un suspiro, harto de tanto trabajo. Cogió su varita, la alzó y dijo:

—¡Te convierto en ratón y esta vez es para siempre! Y añadió:

—Nada de lo que yo haga va a servir, amigo, porque primero tienes que aprender a ser feliz como un ratón.

El descubrimiento de Nick

Nick Vujicic es un australiano de unos 25 años que nació sin piernas ni brazos. Es un joven guapo y divertido, aunque choca cuando lo ves por primera vez. Aun con sus limitaciones, ahora es famoso y admirado en medio mundo. Pero de pequeño, tuvo una fase difícil. Se iba a dormir todas las noches pidiéndole a Dios que le hiciese crecer, durante la noche, las piernas y los brazos. Por la mañana, la decepción era tan grande que se pasaba los primeros diez minutos del día llorando escondido entre las sábanas.

En su libro *Una vida sin límites* explica: «Cuando era niño imaginaba que si tan sólo Dios me diese piernas y brazos, sería feliz para el resto de mi vida. Hoy sé que eso no es verdad: es una ficción. Luego descubrí que esa "neura" es muy común; se trata del síndrome de: **"si tan sólo tuviera x cosa, sería feliz"**... Esa manera de pensar es una alucinación colectiva en la que yo ya no caigo».

Nick Vujicic es ahora un orador internacional que viaja por el mundo dando charlas sobre fortaleza interior, sobre todo para jóvenes. Le encanta su trabajo, su vida y está rodeado de amigos que le aman. Pero, sobre todo, Nick es un tipo fuerte y feliz. ¿La mente del mono loco? Eso no es para él.

La escafandra y la mariposa

Jean-Dominique Bauby era redactor jefe de la revista *Elle* en Francia. Tenía 44 años, dos hijos y una nueva novia de la que estaba enamorado. Una de sus aficiones favoritas era conducir su nuevo descapotable rojo por la campiña francesa. Un ajetreado viernes, después de una intensa jornada de trabajo, pasó a recoger a su hijo Théophile por casa de su ex mujer.

Iban a pasar el fin de semana juntos, ir al teatro, comer ostras, charlar de hombre a hombre...

Jean-Dominique iba conduciendo por una apacible carretera a París cuando empezó a sentirse mal, veía doble y la cabeza le daba vueltas como si se hubiese tomado un LSD. Paró inmediatamente en el arcén. En pocos minutos, entraba en coma, aquejado de un accidente cardiovascular grave.

Meses después, cuando Jean-Dominique despertó, se dio cuenta de que, a resultas de un derrame cerebral, estaba totalmente paralizado. No podía mover la cabeza. No podía articular palabra. Estaba encerrado en su propio cuerpo. Los médicos se le acercaban y le hablaban y él los seguía con la pupila del único ojo que le funcionaba. Se hallaba como sumergido en las profundidades del mar, metido en una escafandra de plomo.

De la noche a la mañana, Jean-Dominique pasó de ser un periodista exitoso, padre de dos hijos, amante de una hermosa mujer, amigo de decenas de personas, a algo parecido a un vegetal. Y lo peor es que era consciente de todo; su mente funcionaba perfectamente y podía contemplar el desastre.

Un día, Jean-Dominique tuvo la mala fortuna de verse reflejado en una vitrina de la habitación del hospital y se quedó horrorizado ante lo que vio: un rostro desfigurado por la parálisis, la boca torcida, un ojo cosido para evitar infecciones y el otro ojo desorbitado. «Además de inútil, ¡soy más feo que un monstruo!», se dijo.

Hasta aquí, la historia de este hombre no difiere mucho de la de miles de personas con parálisis de todo tipo. La diferencia es que Bauby decidió escribir un libro sobre su experiencia que titularía *La escafandra y la mariposa*. Nuestro buzo ideó un sistema para comunicarse parpadeando con su único ojo y dictar así el libro a una escribiente que acudía todas las tardes al hospital.

Cada mañana, Jean-Dominique Bauby memorizaba los párrafos que iba a dictar a su ayudante. Parpadeo a parpadeo, resiguiendo las letras de un alfabeto, por las tardes, componía con ella frases que dieron lugar a páginas, capítulos y, finalmente, a un libro. Publicado en Francia en 1997, pocos meses antes de su muerte, fue un gran éxito de ventas. Hace pocos años, el artista y cineasta Julian Schnabel llevó esta admirable historia a la gran pantalla.

Decir sí a la vida

Bauby explica en el libro algunas de sus emociones más penosas: «Un día me resulta divertido que a mis 44 años me laven, me den la vuelta, me limpien el trasero y me pongan pañales como a un niño de pecho. Al día siguiente, todo ello se me antoja el colmo del patetismo y una lágrima surca la espuma de afeitar que un auxiliar extiende por mis mejillas. [...] Me sentiría el hombre más dichoso del mundo si sólo pudiera tragar el exceso de saliva que invade mi boca de forma permanente...».

Sin embargo, aunque parezca increíble, esos momentos de crisis fueron pocos. En general, Jean-Dominique fue feliz durante el tiempo en que vivió paralizado. En su libro, siempre habla de su capacidad para apreciar las cosas buenas de su vida, en su caso, usando la imaginación: «Entonces, la escafandra se vuelve menos opresiva y la mente puede vagar como una mariposa. Hay tanto que hacer... Se puede emprender el vuelo por el espacio o el tiempo, partir hacia la Tierra del Fuego o la Corte del rey Midas. O bien hacer una visita a la mujer amada, deslizarse a su lado y acariciarle el rostro, todavía dormido. O construir castillos en el aire, conquistar el vellocino de oro, descubrir la Atlántida, realizar los sueños de la infancia o las fantasías de la edad adulta».

El caso de Jean-Dominique Bauby, y muchos miles más, nos demuestran que es posible gozar de la vida aun en las circunstancias más extremas. ¡Sí, es posible! Es posible ser feliz estando paralizado o gravemente enfermo. ¡Es posible tener una vida plena, es posible sentirse realizado!

Hombres y mujeres como Bauby nos pueden ayudar a ver una nueva realidad y construir una vida maravillosamente positiva porque son la prueba viviente e irrefutable de que los seres humanos tenemos esa opción: la de negarnos a amargarnos la vida, la opción de decir sí, la opción de **encontrar la belleza en cualquier parte**.

El gran psicólogo —ya deceso— Albert Ellis decía a sus pacientes que debían revaluar sus creencias acerca de lo que es bueno, malo o terrible. Les pedía que comparasen sus situaciones con las de personas como Jean-Dominique Bauby y se preguntasen: ¿Lo que a mí me preocupa es tan terrible? ¿Realmente no hay una situación peor? Muchos respondían malhumorados:

—Claro que sí, hay desgracias por todas partes, terremotos, hambrunas, accidentes… pero eso no me sucede a mí. ¡Yo lloro por mis desgracias porque son mías, siento que son terribles y no puedo verlas de otra forma!

Pero Ellis, con su característico tono vehemente, replicaba de esta forma:

—Pues ahí es donde te equivocas, amigo mío. Tú puedes ver tu situación de otra forma porque otra gente lo ha conseguido. Tú puedes hacer como ellos: ¡niégate a creer que tu vida es una desgracia! Es cierto que hay cosas que no marchan bien, pero eso no te impedirá ser feliz. Ahora bien: ¿quieres emprender ese trabajo?, ¿quieres educar tu mente?

¿Se puede aprender a ser positivo? Por supuesto: ¡yo lo he visto en cientos de casos radicales! **La clave está en revaluar todo lo que nos sucede.** Jean-Dominique Bauby lo hizo así. En una parte de su relato cuenta que un día decidió dejar de compadecerse. Simplemente, se negó a hacerlo y ésa fue la puerta que le abrió a su «nueva gran vida».

Nada es «terrible»

Aprender a ser positivo es una cuestión de esfuerzo y perseverancia. No se consigue de la noche a la mañana y, sobre todo, no se hace a base de lo que se denomina «pensamiento positivo».

Los defensores del pensamiento positivo, como los americanos Louise L. Hay o Norman Vincent Peale, defienden que si uno se repite constantemente frases del estilo: «La vida me va cada día mejor en todos los aspectos», acabarás por creértelo, pero la mayoría de los psicólogos serios saben que esto no es así. El pensamiento positivo no es realista y por eso, tarde o temprano, la realidad acaba imponiéndose dando al traste con ese optimismo exagerado.

La propuesta de la psicología cognitiva —y la de Nick Vujicic, Jean-Dominique Bauby, Albert Casals y muchos otros— se basa en el realismo más estricto porque afirma que las cosas nos pueden ir mal, que muchas veces hay aspectos negativos en nuestra vida, temas por arreglar... pero la diferencia es que nos podemos negar a ver todo eso como «terrible».

Siempre podemos salir al mundo a construir algo positivo y disfrutar de ello. Ésa es una de las claves más importantes de la felicidad: aceptar que los sucesos pueden ser malos, incluso muy malos, pero nunca terribles, nunca completamente desastrosos.

Nuestro estilo de pensamiento reconoce que nos suceden adversidades, pero nos negamos a dramatizar, basándonos en la idea de que necesitamos muy poco para ser felices.

Gennet Corcuera es una chica sorda, muda y ciega. Nació sin poder oír ni hablar y, al poco tiempo, una enfermedad la dejó también ciega. Natural de Etiopía, a los 2 años, su familia no pudo seguir cuidándola y la confiaron a un orfanato de monjas. Su infancia fue difícil pues, además del aislamiento sensorial, sufrió varias enfermedades graves hasta que una española que se encontraba de paso en el país —otro ángel de los muchos que habitan el mundo— convenció a las religiosas para que le permitieran adoptarla. Desde hace veinte años, vive en Madrid con su «verdadera» familia.

Gennet apareció en prensa, hace pocos años, por ser la primera universitaria española que no podía oír, ver, ni hablar. Gennet es una joven negra muy hermosa, que rebosa vitalidad. Esta estudiante de magisterio afirma, sin dudarlo, que es feliz. Para ella, ser sorda, muda y ciega no es un impedimento para gozar de la vida: «Mi discapacidad no me hace sufrir. Puedo estudiar, ¡puedo comunicarme!, puedo esforzarme, tengo posibilidades...». Y como Gennet hay seis mil personas sordociegas en España y un gran número de ellas son prueba de que existe una más realista y eficiente manera de pensar. ¡Todos podemos aprenderla!

Los seres humanos somos máquinas de evaluar todo lo que nos sucede —o nos podría suceder—. Vamos por el mundo con una especie de regla que mide en qué medida lo que nos pasa es «un poco malo», «malo», «muy malo» o «terrible»; o por el contrario: «bueno», «muy bueno» o «genial».

| GENIAL | MUY BUENO | BUENO | UN POCO MALO | MALO | MUY MALO | TERRIBLE |

Cuando estamos débiles en el plano emocional, como Elena, la chica del *piercing* del segundo capítulo, la regla se ha desviado hacia lo «terrible» y tendemos a ver todo lo que nos podría suceder como «muy malo» o «terrible». Por eso, nos invade todo el tiempo el temor y la ansiedad. Elena se decía a sí misma que el hecho de que su madre, a veces, le gritase era «muy, muy malo», «insoportable», «¡ya no puedo más!».

A eso yo le llamo **«terribilitis»** o «no-lo-puedo-soportitis». Si te ataca esa enfermedad, no hay duda de que desarrollarás un trastorno de ansiedad o una depresión en poco tiempo.

Muchos de mis pacientes, una vez transformados en personas fuertes, se extrañan de sus anteriores evaluaciones. Me dicen, por ejemplo: «No entiendo cómo pude ponerme tan nervioso por un tema tan poco importante», pero durante su período neurótico se argumentaban a sí mismos con una fuerza increíble para calificar todo de «terrible».

Nuestro método consiste en aprender a evaluar todo lo que nos sucede —o nos podría suceder— con otros criterios, de forma que prácticamente nada vuelva a parecernos «terrible».

Pensemos que **las personas más fuertes se niegan a calificar nada de «terrible»**. Ni Nick Vujicic ni Jean-Dominique Bauby ni Albert Casals lo hacen y apoyan esa creencia con muchos y sólidos argumentos. Se han preguntado a ellos mismos: «Si me pasase esto o lo otro... ¿aún podría hacer cosas valiosas por mí y por los demás?». Y la respuesta siempre es un rotundo y sonoro: «¡Sí!».

En este capítulo hemos aprendido que:

- Al margen de la comida y la bebida, las demás metas de la vida son sólo divertimentos.
- Precisamente, la pasión y la diversión son las fuerzas más poderosas a la hora de conseguir cosas.
- La verdadera fuente de la felicidad es tener una mente bien amueblada.
- Huyamos de la mente del mono loco: ya tenemos todo lo necesario para estar increíblemente bien.
- Las personas más fuertes nunca evalúan nada de «terrible» y en esa evaluación está su fuerza.

El MÉTODO

El método

En este capítulo detallaré el principal sistema de trabajo de la terapia cognitiva. Se trata de lo que yo llamo «la rutina del debate», el mecanismo de transformación mental por excelencia. Si lo practicamos de forma diaria, en pocas semanas y meses, notaremos un gran cambio.

Este trabajo puede complementarse con las «visualizaciones racionales» (que se explican en el siguiente capítulo), que consiste en visualizarse libres de miedos y ansiedades, pero el debate que estamos a punto de aprender seguirá siendo la piedra fundacional de nuestro cambio.

La rutina del debate

Éste es el **ejercicio central** de la terapia cognitiva y consiste en transformar las creencias irracionales en racionales. Se trata de emplear una argumentación masiva para convencerse de que no hay nada que temer, que no hay nada «terrible» bajo el sol y, mucho menos, esas pequeñas adversidades que nos asustan, entristecen o enfurecen. Si lo hacemos bien, en ese mismo momento experimentaremos alivio y armonía.

Llevar a cabo un ratito de rutina diaria va a modelar nuestra mente de modo que, en un futuro cercano, habremos instaurado en ella una nueva manera de ver las cosas. Eso sí: siempre a base de razonar. Si no nos creemos lo que nos decimos, no lo sentiremos. Más que nunca, aquí tenemos que aplicar el lema: «Convencer antes que vencer».

Por ejemplo, Joan había discutido por la mañana con su mujer acerca de su proyecto de cambiar de trabajo. Él deseaba abrir un despacho de abogados, a lo que su esposa se oponía. Ella no podía soportar que dejase su empleo como funcionario. Por dos razones, por la pérdida de seguridad y porque imaginaba que el gabinete le iba a robar tiempo de dedicación a la familia.

Joan se enfadó porque su mujer quería imponerle su voluntad y, además, cuando salía el tema, podía ponerse agresiva. Aquella mañana había sido así.

Joan estaba muy estresado por el asunto y no dormía bien. El objetivo de su rutina del debate era verse menos afectado y no desear mandar su matrimonio a la porra sólo por eso.

El primer paso consistió en hallar las creencias irracionales que le habían llevado a enfadarse hasta el punto de gritar, él también, aquella mañana. Y las encontró rápidamente:

- Es inaceptable que mi mujer quiera imponerme su voluntad.
- Es intolerable que emplee palabras hirientes y hasta me insulte.

- ¡Debería (absolutamente) ser menos conservadora!
- ¡Debería (totalmente) apoyarme en la ilusión de mi vida!

Recordemos que las creencias irracionales son siempre «deberías», «terribilizaciones» y «no-lo-puedo-soportitis». A la hora de redactarlas en una hoja de papel (solemos pedirles a los pacientes que así lo hagan), va bien incluir las palabras «terrible», «no lo puedo soportar» o «debería absolutamente»; así nos daremos cuenta de que el problema está en el tono estalinista en que nos hablamos a nosotros mismos.

Y así, tranquilamente, en la soledad de su habitación, Joan redactó cómo serían esos mismos pensamientos, esta vez, en clave racional:

- Me gustaría que mi mujer no quisiera imponerme nada, pero eso no es el fin del mundo. Muy débil tendría que ser yo para pensar que eso es como estar en un campo de exterminio nazi. Puedo soportarlo y ser feliz, a pesar de que sea un poco incómodo. A una persona fuerte ese tipo de cosas no le arruina el día.
- No me gusta que mi mujer sea verbalmente violenta, pero son sólo palabras. No gano nada dramatizando y tomándome esto como una afrenta brutal. Puedo comprender que ella pierde los papeles con facilidad

y ese fallo no la convierte en una asesina en serie.
Podría soportar media hora al día de insultos y ser
muy feliz como el filósofo griego Epicteto, que fue
esclavo, pero no terribilizó por ello.

- ¿Dónde está escrito que mi mujer DEBERÍA ser
  diferente? Todos tenemos fallos: ¡yo también!
  Jamás encontraré a una persona perfecta y
  tampoco la necesito para ser muy feliz.

- Por otro lado, ¿es necesario que mi mujer me apoye
  en esto? Ella me apoya en muchas otras cosas. Si
  estuviese enfermo, sé que la tendría cien por cien a
  mi lado. ¿No es eso mucho más importante?

Es cierto que Joan también podía separarse de su esposa
y empezar una nueva y maravillosa vida como soltero. La terapia cognitiva no nos dice lo que tenemos que hacer, pero sí
nos señala cómo debemos sentir: con sosiego, con amor por
los demás y por la vida. Con esa actitud, como decía Charles
Darwin, lo normal es ser feliz, independientemente de nuestra situación.

La rutina del debate demanda **creer en los pensamientos racionales que redactamos**, estar convencidos. Si sólo
nos repetimos esas frases como loritos, sin creer en ellas, no
estamos haciendo nada. Por eso, hay que debatir en contra de
los «deberías» y los «no-lo-puedo-soportitis», argumentarse
una y otra vez, hasta aceptar las nuevas creencias.

Así lo hizo Joan y, en cuanto hubo acabado, esa misma
tarde, esbozó una sonrisa, meneó la cabeza y se dirigió a la
cocina donde estaba su mujer para darle un beso. La veía de

una forma completamente diferente a las últimas semanas: sí, era un poco cabezona, pero más bien a causa de sus miedos no resueltos. Al margen de eso, era una persona maravillosa.

Joan lo tenía claro ahora: iba a elaborar un plan para convencerla con la menor fricción posible aunque, al mismo tiempo, se encontraba mentalmente preparado para aguantar «sus morros» y mantener la paz interior. Y decidió seguir con su proyecto de cambio laboral, le llevase donde le llevase: eso sí, con una sonrisa en la cara.

En la columna del «debate» empleamos todos los argumentos posibles para transformar nuestras creencias:

- Pruebas a favor de que necesitamos muy poco para estar bien.
- Ejemplos de personas que han sufrido esas adversidades y las han superado muy bien.
- Comparaciones con problemáticas mucho mayores...

Y es que existen miles de argumentos que nos pueden llevar al convencimiento de que todas las adversidades son soportables. Cuantas más razones empleemos, mejor.

En el esquema de la página 89, la columna del «debate» está en blanco porque simboliza el trabajo mental que llevamos a cabo para llegar a las conclusiones racionales. Es la parte del trabajo más costosa: se trata de **argumentar hasta deshacer la angustia**.

La mejor forma de llevar a cabo la «rutina del debate» es situarse en el «peor escenario» de nuestros temores y enfados para concluir que, ni siquiera en ese caso, eso nos impediría ser felices: si me despidiesen y no pudiese encontrar un empleo NUNCA MÁS, si mi mujer me fuese infiel SIEMPRE (todos los días), si recibiese una multa DIARIA para el resto de mi vida... ¿podría adaptarme a la situación y encontrar la felicidad? ¡Claro que sí! ¡Incluso así! Entonces, no hay nada que temer.

¡Adelante! **Cuantas más creencias irracionales vayamos eliminando, más fuertes y felices seremos**. Si todos los días nos ejercitamos para pensar —y sentir— de otra forma frente a las adversidades de nuestra vida, en muy poco tiempo, nos convertiremos en otras personas.

Rutina del debate

Perturbación emocional	Creencia irracional	Debate	Creencia racional
Me he puesto hecho una furia porque me han puesto una multa.	Que me multen es TERRIBLE. ¡Las multas son increíblemente caras y ésta ha sido injusta! Todo me sale mal últimamente y ésta es la gota que colma el vaso.			No me gusta la multa, pero sobreviviré a ella. En este universo no existe la justicia completa y lo más inteligente es asumir ese hecho, especialmente cuando no hay mucho que hacer para cambiar lo sucedido. La repetición de un hecho no lo hace necesariamente peor y peor: si se rompe un lápiz cada día, la acumulación de lápices rotos no convierte a ese hecho en una hecatombe.
Esta tarde me he puesto celoso con mi mujer.	Si mi mujer me fuese infiel, no podría soportar seguir a su lado. Si nuestro matrimonio se va a pique, será un desastre para todos. Sería TERRIBLE. Que me pongan los cuernos es un ultraje intolerable.		No me gustaría que mi mujer me fuese infiel, pero ¿sería realmente eso el fin del mundo? ¿Qué me diría alguien que acaba de perder la movilidad en un accidente? Si algún día se acaba mi matrimonio, lo pasaré un poco mal hasta que me readapte, pero para nada estaré condenado a una mala vida. Los ultrajes «mentales» son cosa de débiles. Si yo quiero, no tengo por qué sentirme mal porque alguien haga lo que quiera con su cuerpo.
Me estreso intentando redactar un informe del trabajo.	Si fallo con este informe, TODA mi imagen en el trabajo estará en peligro. Si me despidiesen a raíz de eso sería TERRIBLE.		¿Podría prescindir de mi imagen de eficiencia y ser feliz? ¿Podría ser una persona humilde a nivel laboral, pero grande a nivel humano? Si me despidiesen ¿acaso me moriría? ¿Podría de alguna forma encontrar los medios para sobrevivir y hacer cosas valiosas por mí y por los demás?

En este capítulo hemos aprendido que:

- La rutina del debate consiste en transformar las creencias irracionales en racionales: todos los días.
- Primero revisamos los malestares del día y les asignamos la creencia que los ha provocado.
- En segundo lugar desenmascaramos esa lógica con argumentos contrarios.
- Finalmente, redactamos una creencia racional que nos hará sentir mejor.

- ....
- ....
- ....
....
....
....
....
....
....
....

Visualización RACIONAL

Visualización racional

«¡¡¡OOOOOOOGGGGGG!!!» Un sonido grave, una especie de señal de radio no sintonizada, suena por los altavoces de la televisión del pub. Retransmiten un partido de fútbol de la liga inglesa. Se trata del zumbido formado por el griterío constante de los espectadores en el estadio. En los campos ingleses, la gente anima a su equipo todo el tiempo y se oye ese rugir característico. A los parroquianos del pub les encanta la animación burbujeante de ese sonido. Es algo parecido al ambiente de un partido de la copa del mundo en Sudáfrica: bocinas tocando, cánticos de los seguidores: se masca el ambiente de fiesta.

Las voces de los comentaristas de televisión tienen una entonación alta, un ritmo trepidante.

Y ahí, en la enorme pantalla del pub, los jugadores del Manchester United juegan los últimos minutos de un partido empatado a dos goles. Los «red» pelean los últimos balones como gladiadores. ¡Quién diría que llevan una hora y media de esfuerzo intenso! Corren endiabladamente intentando conseguir el gol de la victoria.

De repente, Wayne Rooney, la estrella del equipo, roba un balón dividido y enfila como un toro hacia la portería contraria. Regatea a un defensa que le sale al paso, se adelanta la pelota driblando a otro oponente y, ya frente al portero, cruza un tiro seco y raso. «*Goaaaaaal!*», grita el comentarista uniendo su voz a la de los seguidores en el pub.

En la pantalla se puede ver a Wayne Rooney correr con los brazos extendidos y celebrar el gol con sus compañeros: se abrazan en éxtasis. Cincuenta mil personas le aclaman al unísono en el estadio.

¿Qué se debe sentir en un instante como ése, en comunión con tantos aficionados? Sólo Rooney y los grandes jugadores lo saben. Y lo saben tan bien que lo repiten frecuentemente en sus mentes como parte de su entreno en **visualización positiva**.

En este capítulo, vamos a aprender a usar la técnica de la visualización como ayuda en nuestro proceso de aprendizaje racional. No sólo los deportistas de élite pueden beneficiarse de ella. En la década de los ochenta, el psicólogo Albert Ellis la incorporó con mucho éxito al mundo de la psicoterapia y, desde entonces, miles de psicólogos la emplean.

Meter goles con la mente

Wayne Rooney es el mejor jugador de la liga inglesa y el tercer futbolista con mayores ganancias del mundo. Es un delantero centro que vive del gol. Desde hace algunos años, Rooney lleva a cabo, puntualmente, ejercicios de visualización y les atribuye gran parte de su éxito:

Para mi preparación mental le pregunto siempre al utillero, un día antes de cada partido, qué indumentaria vamos a llevar: si vestiremos de rojo o de blanco, etc. Con esa información, me meto en la cama por la noche y dedico un buen rato a visualizarme en el partido del día siguiente. Me imagino metiendo goles, haciendo buenos pases, moviéndome con soltura y técnica. Recreo las sensaciones que he tenido en mis mejores partidos. Sé que puede sonar extraño, pero intento crear un «recuerdo» del día siguiente. Llevo ya bastantes años jugando al fútbol profesional con el Manchester United y con la selección inglesa y no tengo dudas de la efectividad de esta técnica.

Eso sí: hay que visualizar hechos realistas, logros que puedes hacer o que has realizado en el pasado porque, para que tenga sentido, tienes que alcanzar intensidad: ¡te lo tienes que creer!

Wayne Rooney es sólo una muestra de «visualizador». En el deporte profesional actual, existen cientos, si no miles, de atletas que visualizan a diario. Entre ellos, el corredor de doscientos metros Michael Johnson, el golfista Tiger Woods o el baloncestista de Los Angeles Lakers Kobe Bryant. Todos hablan maravillas de esta técnica.

Además, existen muchos estudios que demuestran la eficacia del entrenamiento con visualización. La mayor parte de ellos, en torno al mundo del deporte. Uno especialmente interesante por su riguroso planteamiento es el del psicólogo australiano Alan Richardson.

El investigador hizo que un grupo de jugadores de baloncesto desentrenados —llevaban semanas o meses sin jugar— lanzasen 100 tiros libres y anotasen su estadística de acierto. Ése fue el punto de partida. A partir de ahí se trataba de ver cómo mejoraban a través del entrenamiento.

Richardson dividió a los sujetos en tres grupos. El grupo A se entrenó de forma real (durante veinte minutos al día durante un mes). El grupo B entrenó sólo mentalmente. Y, finalmente, el grupo C se tenía que olvidar del baloncesto durante ese mismo período.

Al finalizar ese tiempo, todos volvieron a lanzar una serie de 100 tiros y éstos fueron los resultados: los tiradores del grupo A mejoraron sus estadísticas en un 24 %; los del grupo B, en un 23 % y los del grupo C se quedaron exactamente igual. Es decir: ¡el entreno mental y el entreno real dieron casi los mismos resultados!

El estudio de Richardson ha sido replicado muchas veces y el resultado siempre ha sido el mismo: **el entrenamiento en visualización llega a ser tan eficaz como el entrenamiento real para las personas que ya tienen nociones del deporte entrenado**. Y si unimos los dos tipos de entrenamiento, podemos multiplicar la mejoría.

La visualización en la consulta del psicólogo

Los psicólogos cognitivos también podemos usar la visualización para profundizar en los cambios filosóficos de las personas que atendemos. Se trata de una técnica comprobada en el ámbito clínico y «fotografiada» con escáneres cerebrales.

Al visualizar, el cerebro crea unos recorridos neuronales característicos, unas pautas de transmisión de información que son como las carreteras de una montaña. Cuando han pasado muchos coches por una misma vía, las hendiduras en la tierra facilitan el paso a los demás vehículos. Los automóviles circulan fácilmente y tienden a ir por los mismos carriles que sus predecesores. Mediante un proceso similar, con la visualización facilitamos el aprendizaje de argumentos racionales y constructivos.

Además, al visualizar con intensidad nos provocamos una reacción emocional que nos ayuda a convencernos, a solidificar las nuevas creencias racionales que deseamos instaurar en nuestra mente. Siguiendo el símil de la carretera, al «sentir» las emociones racionales —hasta reír o llorar de alegría si uno quiere— parece como que los carriles, las hendiduras del camino, se hicieran más profundos y marcados.

Por ejemplo, si deseamos aprender a convivir de manera racional con la soledad, podemos visualizarnos solos, un domingo cualquiera, aprovechando nuestro tiempo, disfrutando de actividades valiosas, yéndonos a dormir satisfechos de cómo hemos pasado el día.

Y, al cabo de unos segundos, volvemos a visualizarnos así, una y otra vez, disfrutando del domingo en soledad. La repetición juega a nuestro favor.

Es interesante que intentemos alcanzar el máximo detalle posible. Por ejemplo, podemos imaginar que uno de esos domingos decidimos hacer una excursión por la montaña. Nos sentimos fuertes, hay gotas de sudor en la frente, el sol luce...

Quizá vamos en bicicleta, escuchando música en el MP3, llevamos ropa moderna y deportiva... Sentimos la musculatura con cierta tensión, un paso después de otro, el cuerpo en forma. ¡Qué bello es vivir!

Hoy sabemos que **la visualización promueve la liberación de las hormonas de la felicidad**: la dopamina y la serotonina. Y cuando estamos contentos, aprendemos mejor.

Eso sí, todas esas visualizaciones tienen que estar apoyadas en argumentos racionales porque jamás podremos creernos visiones o escenarios imposibles.

Diferentes visualizaciones

Existen muchas modalidades de visualización racional. La que vamos a describir aquí la llamo «la visualización de la vida plena». Su objetivo es comprender —a un nivel emocional— que podemos disfrutar de nuestra vida tal y como es, sin cambiar de trabajo, pareja o lugar de residencia. Se trata de la visualización antiqueja por excelencia porque es incompatible con la protesta y el victimismo.

Las características de esta visualización son:

- Está centrada en el presente, hoy, mañana y un futuro siempre cercano.
- Se concentra en que vamos a disfrutar más de todo.
- Y lo hacemos simplemente poniendo más pasión en lo que tenemos entre manos.

Otra visualización racional puede consistir en verse en una situación que nos atemoriza, pero estando tranquilos gracias a una nueva visión del asunto. A este ejercicio lo podríamos llamar «visualización en ausencia de miedo». Por ejemplo, verse en el dentista sosegados, en paz, gracias a la nueva cognición de que «nada terrible puede suceder en la consulta del odontólogo» o que «quizá puedo pasar un poco de dolor, pero eso es perfectamente soportable; incluso podría soportar mucho dolor durante un tiempo limitado», etc.

En este capítulo, vamos a ver sólo la visualización de la vida plena. Las demás visualizaciones, como la visualización en ausencia de miedo, las podemos llevar a cabo a partir del ejemplo de la primera. **Existen muchos tipos de visualizaciones y podemos inventarnos tantas modalidades particulares como deseemos.**

Desde hace mucho tiempo, yo dispongo de un equipo de música en mi consulta con una selección de canciones para las visualizaciones racionales. Yo utilizo a Sting, Lou Reed, The Cure y muchos otros grupos. Y a casi todos mis pacientes les enseño este tipo de meditación mientras oímos de fondo alguna de esas canciones que nos inspiran.

Así pues, la visualización que veremos a continuación es

«la visualización de la vida plena» y se compone de diferentes partes:

1.ª parte: Conectar con los buenos tiempos

Con los ojos cerrados, guiamos a los pacientes para que ensayen mentalmente como lo haría Wayne Rooney:

- Recuerda un período de tu vida en que te encontrases muy bien: te sentías fuerte física y mentalmente. Vas por la calle caminando y te sientes genial: seguro de ti mismo, a gusto en tu piel. Porque, a partir de ahora, en nuestra vida presente y futura vamos a sentirnos así de bien. Mucho mejor, incluso.

Suena el tema «Close to Me» de The Cure.

En gran medida, estar bien —en cualquier momento de nuestra vida— es sintonizar con un estado mental positivo. Estar de buen humor es querer apreciar las cosas hermosas que nos rodean y también nuestra propia imagen. Por eso, en el primer paso de esta visualización les pido a los pacientes que se imaginen con una imagen óptima, pero real, que hayan experimentado en alguna ocasión. Se trata de ponerse delante del **objetivo fundamental de la terapia: ¡sentirse bien!**

En una ocasión, leí una entrevista a un español que había sido recluido en el temible campo de exterminio nazi de Auschwitz. Sobrevivió y tuvo una vida larga y feliz en Barcelona. En la entrevista, explicaba que durante los dos años que estuvo en el campo llevó a cabo diariamente una especie de visualización como la descrita que le mantuvo emocionalmente en forma.

En este primer punto de la visualización, llamado «Conectar con los buenos tiempos», apelamos a la imagen de fortaleza que deseamos para nosotros. Una fortaleza que hemos tenido en el pasado: por lo tanto, que podemos recuperar.

El paciente tiene que insistir, perseverar, buscar las imágenes que le hagan sentir que esa sensación de bienestar y seguridad personal es posible. Hasta que no lo consigamos, no pasaremos a la segunda parte.

2.ª parte: Armonía con el entorno actual

La música nos ayuda a situarnos en el marco que deseamos; nos permite detener nuestra cháchara habitual de obligaciones y proyectos. Mientras suena una canción de Coldplay, proseguimos:

> • Ahora vas por la calle y te sientes genial. Puedes apreciar con detalle las cosas que te rodean: el verdor de los árboles, las formas de los edificios hermosos, los colores de la ciudad. Te sientes en armonía con todo lo que te rodea.

Todos hemos tenido una de esas experiencias de sintonía y se trata de recuperarla cada vez que lo deseemos. ¿Podemos sentirnos así siempre? ¡Casi siempre! Sólo depende de nosotros y de que nos tomemos un poco de tiempo diario para situarnos en ese estado mental. Nuestro compatriota en Auschwitz lo lograba en condiciones penosas; así que, ¿por qué no lo vamos a conseguir nosotros?

Cuando nos encontramos tan bien, todo cuadra, desaparecen los miedos. Nos situamos frente a nuestra vida con ánimo de disfrutar. **Amamos todo lo que nos rodea.**

Esta segunda fase de la visualización es la más importante y básica a nivel racional porque se basa en el presupuesto fundamental de la terapia cognitiva: nos sentimos bien porque estamos vivos, porque estamos rodeados de belleza, porque amamos la vida y la sabemos apreciar. En la terapia racional, la apreciación de lo que poseemos —la «bastantidad»— es la piedra angular de nuestra fortaleza. Después de unos cinco minutos en esta fase, pasamos a la tercera parte.

3.ª parte: Sentirse genial en el trabajo (o en la escuela)

- Vamos a refinar nuestra capacidad de gozar de la vida. Cada día un poco más. Y este ejercicio, realizado todos los días, nos va a ayudar. Porque todo está en la mente. Visualízate en el trabajo —o en la escuela— poniéndole pasión a lo que haces. Entras a trabajar lleno de energía. Y sales igual, físicamente cansado, pero mentalmente feliz:

habiendo disfrutado enormemente de tu día. Hay tantas posibilidades de gozar: hacer bien lo que haces, ponerle atención y amor... Visualízate así.

En este punto, el terapeuta y el paciente se conjuran para ponerle a la vida la pasión necesaria para disfrutarla. El talante general de las visualizaciones racionales es intentar mantener esa nueva actitud de goce vital todo el tiempo.

Una vez más, es fundamental insistir hasta que «veamos» las imágenes requeridas en nuestra mente. Una prueba de que lo estamos haciendo bien es que nos sentiremos muy bien en ese mismo instante.

4.ª parte: Sentirse genial con la familia

Como las relaciones familiares son una parte importante de nuestra vida, dedicamos la cuarta parte a este ámbito.

- Y ahora puedes visualizarte con unas relaciones familiares muy mejoradas. ¿Te imaginas relacionándote con tu padre, con tus hermanos, como en los mejores momentos? ¡Claro que sí! Podemos amarlos más. Tratarlos con mayor cariño. Tener conversaciones geniales. Podemos aportarles paz y amor en cada uno de nuestros momentos con ellos.

5.ª parte: **Disfrutar de mi vida de ocio**

Seguimos visualizando positivamente cada ámbito de nuestra vida. En esta quinta parte se trata de disfrutar de los momentos de ocio.

El ocio es otro de nuestros ámbitos vitales. Como tal, podemos imaginarlo vibrante:

> • Visualiza ahora que vives con más pasión tu vida de ocio. Vas frecuentemente a la montaña y te lo pasas genial. Paseas por el bosque o por el campo y te sientes fuerte, en armonía con lo que te rodea. ¡Claro que sí! Vamos a tener una vida de ocio fantástica. Disfrutas del mar en verano. De ir al cine. Vas a conciertos, escuchas buena música en tu MP3... Durante los próximos minutos, visualiza que lo pasas genial durante todo tu tiempo de ocio. Y, recuerda, a partir de ahora va a ser así.

Ahora suena «Breathless» de Corinne Bailey Rae, y pasamos a imaginarnos de la mejor forma posible el siguiente ámbito.

6.ª parte: **Sentirme bien con mi cuerpo**

> • Visualiza que vas al gimnasio y disfrutas de ponerte en forma con intensidad. ¡Te estás poniendo genial! Te encanta hacerlo. Disfrutas controlando lo que comes. En conjunto, cuidas de tu salud de forma

> estupenda. Fíjate: ¡le estás mostrando a un/a
> amigo/a tus fotos haciendo deporte! ¡Qué buena es
> la vida! ¡Vamos a disfrutarla!

Y así vamos repasando el resto de las facetas de nuestra vida: la relación con nuestros amigos, la vida de pareja, etc. Se trata de visualizar un presente y un futuro próximo muy mejorados a base de ponerle pasión, de apreciar lo que poseemos.

Una señal de que realizamos bien las visualizaciones es que nos sentimos muy bien en el momento de llevarlas a cabo. Las visualizaciones tienen que ser placenteras. La parte emocional de ese «recuerdo del futuro» —como lo llama Wayne Rooney— es fundamental.

Por alguna razón, cuando disfrutamos imaginando, el cerebro absorbe mejor los mensajes que le estamos dando. Y el mensaje fundamental de nuestras visualizaciones es que necesitamos muy poco para ser felices y ya lo tenemos todo para hacerlo. Ahora se trata de disfrutar con proyectos hechos para gozar en cada minuto de su realización.

El álbum de fotos

Una de las estrategias que nos pueden ayudar a llevar a cabo las visualizaciones se llama «El álbum de fotos». Consiste en que, dentro de la visualización, la persona se vea enseñándole a alguien diferentes fotografías ilustrativas de su vida. Es algo parecido a lo que hacemos cuando le mostramos a un amigo las fotos de nuestro último viaje a Nueva York. Para guiar a mis pacientes en este paso les digo:

—Ahora quiero que te imagines que últimamente estás tomando fotos para ilustrar los diferentes aspectos de tu nueva vida. Y confeccionas un álbum con ellas y se las enseñas a un amigo. Y le dices: «Ésta es mi familia: tengo una relación maravillosa con ellos» o «Aquí me puedes ver en el trabajo: me encanta lo que hago».

La técnica del álbum de fotos nos ayuda a **centrar la atención en el momento presente**. Las fotos son «instantáneas» que nos focalizan en lo que tenemos entre manos.

Con frecuencia desperdiciamos la vida corriendo de aquí para allá, postergando el goce para otro momento, cuando es ahora mismo cuando tenemos la oportunidad de disfrutar: en el trabajo, preparando la comida, haciendo deporte, conversando con un familiar. ¡Toma fotos de cada uno de tus instantes: son momentos preciosos en una vida muy corta!

¡Empieza ya! *

Sin duda, una pieza importante del puzle de la racionalidad está en darse cuenta de que podemos estar muy bien ahora mismo, ¡esta tarde!, en lo que me queda de día.

Cuando estamos neuróticos, nuestras creencias irracionales nos dicen lo contrario: «Estoy de bajón y no puedo disfrutar de la vida»; «No tengo novio y mi vida es aburrida»; «Si no tartamudease, podría triunfar». Así que la visualización nos emplaza a practicar el goce de las cosas de mi vida «ya mismo». Ahora podemos empezar a poner la carne en el asador, éste es el momento de darle caña, de **ponerle pasión a lo que tenemos entre manos**, sea cual sea nuestro punto de partida.

En este capítulo hemos aprendido que:

- La visualización racional es un procedimiento comprobado que nos ayuda a potenciar el trabajo terapéutico.
- La visualización racional se basa en el presupuesto fundamental de que «necesitamos muy poco para estar bien» y que, por lo tanto, «ya poseemos todo lo que necesitamos para tener una gran vida».
- La visualización de la vida plena repasa todos los ámbitos de nuestra existencia en clave «antiqueja». Se trata de decirse: «A partir de ahora nos sentiremos bien apreciando lo que tenemos».

- ....
- ....
- ....
....
....
....
....
....
....
....
....
....

SEGUNDA PARTE

APLiCACiONES

Superar COMPLEJOS

Superar complejos

Una larga caravana de camellos avanzaba por el desierto. Al llegar a un oasis, el jefe decidió pasar la noche allí.

Los hombres instalaron de inmediato las tiendas para irse a dormir, pero cuando llegó el momento de atar a los animales, se dieron cuenta de que faltaba un poste. Todos los camellos estaban debidamente amarrados excepto uno.

Nadie quería pasar la noche en vela vigilando al animal pero, a la vez, tampoco querían perder el camello. Después de mucho pensar, el jefe tuvo una idea. Fue hasta el camello, cogió las riendas y realizó los movimientos necesarios para amarrar al animal a un poste imaginario. Para sorpresa de todos, el camello se sentó, convencido de que estaba bien sujeto. Así, todos se pudieron ir a descansar.

A la mañana siguiente, desataron a los camellos y los prepararon para continuar. Había un camello, sin embargo, que no quería ponerse en pie. Tiraron de él, pero el animal rehusaba moverse.

Finalmente, acudió el jefe que enseguida entendió la

causa de la obstinación del camello. Se puso enfrente del animal como si estuviera delante del poste imaginario y realizó los típicos movimientos para desatar la cuerda. Justo entonces, el camello se puso en pie. Ahora sí se sentía libre.

En este capítulo vamos a hablar de los **complejos**, auténticos postes imaginarios para nuestra mente. Los complejos sólo existen en nuestra mente irracional. Las personas fuertes y racionales no ven ningún problema en el hecho de tener defectos.

Hace mucho tiempo —debía de tener unos 20 años—, fui a los cines Verdi de Barcelona con mi amigo Dani. Vimos una peli titulada *El cuarto hombre*, de Paul Verhoeven, un filme europeo de culto. El guión, muy resumido, es el siguiente: un escritor alcohólico corre el peligro de ser asesinado por su novia psicópata. Al tipo no sólo le persigue la chica con un gran cuchillo, sino sus propias torturas mentales. Resulta que es gay pero no ha salido del armario. Al mismo tiempo, es católico fanático y no se acepta a sí mismo. Y está tan perturbado por el alcoholismo que tiene fantasmagóricos delirios de degradación personal.

Algunos califican ese filme como uno de los precursores del cine *gore*, esto es, del cine «desagradable a más no poder».

Ésta es una de las pocas películas que no he podido terminar de ver. Como tantas otras, describe un universo oscuro, feo, espeso, torturador, depresivo... ¡pesadillas hechas realidad! Cuando uno sale de la sala, sólo le apetece tomarse una copa de vino con los amigos para olvidarla lo antes posible.

Los cineastas aderezan estos filmes con música inquietante (como el violín de *Psicosis*), luces tenebrosas y planos de cámara chocantes. El clima que crean es muy convincente.

Pero no sólo los directores de cine saben hacer eso: muchas veces, las personas desarrollamos fantasías tan oscuras como ésas o incluso más. Nuestra imaginación no tiene límite. De hecho, las personas que tienen un fuerte complejo —de fealdad, tartamudez, no tener pecho...— viven en una de esas pesadillas, una cárcel mental en la que se han metido ellos solitos y de la que no saben salir.

En este capítulo demostraremos que, como en la peli de Verhoeven, **todos los complejos de inferioridad son una fantasía**, una ficción total, de la cual podemos despertar en cualquier momento.

Desde un punto de vista racional, en este mundo —incluso en este universo—, no existen las pesadillas porque la vida es maravillosamente fácil, generosa, divertida y armónica. Con la filosofía personal adecuada, absolutamente nadie tiene por qué tener un complejo de inferioridad: ¡por nada! ¡Jamás! Veámoslo.

El tartamudo genial

Un día vino a verme un chico de 27 años, apuesto y moderno, parecido físicamente a Pablo Alborán. Se sentó en la silla delante de mi escritorio y dejó un gran casco encima de la mesa.

Iba y venía por Barcelona con una moto de gran cilindrada. Resultaba que había estudiado psicología, aunque entonces estaba haciendo pinitos en el mundo de la música. Tocaba la guitarra y cantaba muy bien. Con su característico estilo desenfadado, me dijo:

—Mi problema es que tartamudeo un poco y eso me hunde. Llevo mucho tiempo pasándolo mal por esto.

Guillermo me explicó su historia. Desde muy niño había tenido un ligero tartamudeo, pero nunca en su infancia le había supuesto un problema. Sólo a partir de los 20 años se le «despertó el monstruo», como él mismo decía.

A esa edad, mientras estudiaba precisamente psicología, probó a combatir su tartamudez y estudió métodos logopédicos para disminuirla. Se trataba de ejercicios de dicción, respiratorios, de evitación de determinadas sílabas... Todo un conjunto de medidas que hacían que casi no se notase el problema. Tanto estudió que incluso llegó a especializarse en psicología de la tartamudez y, una vez licenciado, a tratar a personas que tenían ese problema.

Pero aunque consiguió atajar su tartamudez —no del todo, en realidad—, había períodos de nerviosismo o cansancio en los que el trastabilleo resurgía y, en ese momento, no lo podía soportar.

—Rafael, me he decidido a acudir a ti porque ahora mismo estoy muy mal. He tomado antidepresivos, pero no los tolero bien y ya no sé qué hacer —confesó con los ojos llorosos.

Guillermo vivía dentro de una de esas pesadillas del tipo *El cuarto hombre*, y el protagonista de esa truculenta historia era él. Había creado con su imaginación un mundo horrible y ahora habitaba en él.

Y puedo asegurar que Guillermo, al que llegué a conocer bastante, era un tipo genial. Tenía un gran encanto personal y muchísimas virtudes. Era inteligente, tenía dotes artísticas, bien parecido, con grandes amigos, y una familia que le apoyaba al cien por cien... Y sí, era tartamudo, pero ¿a quién demonios le importaba?

Pero, hasta ese momento, para Guillermo, ser tartamudo era un defecto monstruoso que a él, particularmente a él, le destrozaba la vida. **Un tétrico sentimiento que comparten todos los que sufren cualquier fuerte complejo.**

Bienvenidos al maravilloso mundo real

A todos mis pacientes con complejos de inferioridad les ayudo a descubrir el mundo real. Las pelis como *El cuarto hombre* NO son auténticas. ¡Todos esos fantasmas y monstruos no existen! Vivimos en un mundo redondo en el que encajamos como un guante, un universo en el que todo cuadra, en el que todo lo que existe nos puede producir goce de forma natural: los colores intensos de la naturaleza, las formas de las hojas de los árboles, la compañía agradable de las personas, el aire fresco de la mañana...

Sí, las personas estamos dotadas de imaginación y esa fantasía puede crear cosas que no existen, como vampiros y dragones, pero son sólo eso: creaciones mentales. La naturaleza no es así. ¡La vida real es un chollo!

Como aprendió a ver Guillermo, la tartamudez no es ningún monstruo. ¡No es nada! ¡Incluso puede dar lugar a una fortaleza, a una virtud! Un pequeño fallo que en absoluto impide que podamos ser muy felices. Como decía él mismo: «Cuando me liberé, di un paso de gigante en mi madurez».

Veamos ahora cuáles son los principales argumentos para comprender que no hay nada de lo que acomplejarse: ¡nunca!; ¡por nada!

Quiero una vida trepidante como el rock and roll

Mientras escribo, escucho música. Y ahora mismo tengo puesto un disco titulado *The very best of AC/DC*. Al margen de las letras, que son los típicos versos repetitivos del heavy metal, este tipo de música —sus acordes rotundos, sus coros resonantes— es un canto a la vida, a la fuerza desatada de la juventud. AC/DC es una buena banda sonora para estas líneas.

Y es que todos tenemos la capacidad de disfrutar de la vida. Sólo tenemos que abrirnos a ella, y explotarla con pasión. Cuando somos jóvenes, parece que tenemos más facilidad para implicarnos en la diversión, para vivir las emociones a flor de piel, pero lo cierto es que podemos hacerlo a cualquier edad aprovechando el torrente de fuerza que siempre habita en nuestro cerebro.

Hace pocos días, leía una entrevista al poeta y dramaturgo español Fernando Arrabal en la que le preguntaban:

—Fernando, déjame preguntarte... ¿por qué llevas dos pares de gafas? —Y es que el poeta llevaba sobre la nariz sus gafas de miopía y, apoyadas sobre la frente, unas gafas de sol modernas.

—¡Porque estoy deslumbrado por la vida! —respondió con una enorme sonrisa.

Fernando Arrabal tiene casi 80 años y vive con más pasión que la mayoría de los jóvenes que conozco. ¡Y no es el único abuelo vibrante!

El año pasado tuve el placer de conocer a un intelectual muy conocido en Cataluña llamado Josep Maria Ballarín, sacerdote y escritor. Ballarín vive en un pueblo precioso del Pirineo, en una pequeña casa repleta de libros y cuadros que le han ido regalando durante su larga vida.

Si vas un fin de semana cualquiera a visitarle, seguro que le encontrarás charlando con las innumerables personas que pasan por su casa, gentes de todas las edades que acuden a disfrutar de la conversación inteligente, pausada y cariñosa de este cura rompedor. La última vez que le vi, un puro en una mano, una copa de coñac en la otra, hablamos de sexualidad, un tema que nos interesa mucho a los dos.

Ballarín tiene 93 años y el alma juvenil de una estrella del rock and roll.

Yo quiero ser como Arrabal y Ballarín, trepidantes hasta los 100 años. ¿Qué tengo que aprender para conseguirlo?

Más y más inteligencia emocional

La clave para tener una mente excepcional, para vivir con pasión eléctrica desde el minuto uno hasta el último, es la **inteligencia emocional**, esto es, saber movilizar la gasolina que hace carburar las pasiones de nuestra vida: disfrutar de lo que hacemos, aprender, amar, jugar, hacer arte y, sobre todo, no perder el tiempo quejándose.

Ser inteligente a nivel emocional es tener claro —lo máximo posible— cuáles son las cualidades que realmente hacen que la vida sea emocionante y cuáles son cualidades falsas, o «cualidades trampa», como yo las llamo. Y no perder el tiempo con estas últimas.

¿Cuáles son esas cualidades trampa que, como gasolina adulterada, acabarán por romper el motor de nuestra vida? Algunas de ellas son la belleza física, la inteligencia, la elegancia, la habilidad verbal... Son cualidades trampa porque alimentan el ego en un principio, pero luego te dejan vacío. Son cualidades que permiten acumular cosas que luego tendrás que amontonar en estúpidos trasteros. Que proporcionan la admiración de los locuelos y los inmaduros. **Pero que no nos hacen felices.**

Cualidades trampa	Cualidades reales
• Las valoran los débiles	• Las que valoran las personas fuertes de verdad
• No nos hacen fuertes	
• No nos ayudan a disfrutar auténticamente de la vida	• Tienen que ver con el amor a la vida y a los demás
	• Producen bienestar auténtico
• Tienen que ver con la belleza física, el dinero, las habilidades, la inteligencia práctica	• No son perecederas: podemos tenerlas hasta los 100 años
	• Son las que nos definen como seres humanos
• Nos conducen a competir y a llenarnos de ansiedad	• Producen armonía y tranquilidad

¡Digámoslo alto y claro: la belleza física, las habilidades, la riqueza, la inteligencia... son cualidades que no sirven para casi nada!

Y por otro lado, ¿cuáles son las virtudes que realmente nos permiten crecer, hacernos fuertes y disfrutar cada vez más de la vida? El arte, el amor, la amistad, la tolerancia a la frustración, la propia inteligencia emocional, la perseverancia... estas cualidades atraen a los fuertes y sanos, a los que comparten, suman y hacen que nuestra vida mejore de verdad.

Los quinquis ya no me influyen ⟲

Cuando era un chaval vivía en Horta, un barrio obrero del extrarradio de Barcelona. Eran los años setenta y ochenta y abundaban los quinquis, pequeños delincuentes de mi edad que no iban a la escuela y que vivían la vida a tope. Eran buenos chicos, pero la falta de atenciones familiares les conducía al precipicio de las drogas. Yo conocía personalmente a varios de los quinquis de mi barrio.

Y recuerdo que, más de una vez, me había atracado alguno de ellos. Navaja en mano y botín de cincuenta pesetas y el reloj. Un día, de camino al colegio, me acorralaron en una esquina tres chavales de ésos. Uno de ellos era mi vecino, ¡de la casa de al lado!, pero no me dio ningún trato de favor: se llevó el reloj y encima me dijo riendo:

—A éste lo conozco. Es un *pringao*, un niño de papá. ¡Anda, lárgate corriendo y no le digas nada a nadie! Si te chivas, te mato.

Yo apreté a correr asustado, pero quedó en mi memoria

su cazadora de cuero negro y el cigarrillo que colgaba de sus labios. Debía de tener 13 años.

En aquella época, los quinquis estaban ligeramente mitificados. Se sentían orgullosos, los líderes de la movida. Pero no lo eran para mí y mis hermanos. Sabíamos —lo habíamos hablado muchas veces con mis padres— que esos chavales se equivocaban. Nosotros teníamos la suerte de ir a un buen colegio y aprovechábamos la oportunidad. Éramos una familia humilde, pero apreciábamos la cultura. ¡Lo teníamos muy claro! Tanto que jamás sentimos la más mínima tentación de seguirles los pasos.

Para quitarse los complejos de encima, tenemos que tener tan claros nuestros **principios** como yo los tuve siempre con respecto a los quinquis de mi barrio. Ellos defendían unos valores y nuestra familia, otros. Ellos nos miraban con desprecio y, nosotros, con cierta lástima.

Entendíamos sus dificultades porque sabíamos que esos chicos procedían de las familias más desestructuradas de la zona, pero evitábamos su influencia porque, en ese momento, no eran buena compañía para nosotros.

Una actitud similar debemos tener frente a quienes endiosan los valores trampa. Porque los hay. ¿Habrá personas que despreciarán a Guillermo por ser tartamudo, a mí por no ser guapo ni elegante y a mi amiga Ana por tener síndrome de Down? Sí, pero esos individuos despreciadores no son las personas con las que deseo relacionarme. Como con los quinquis de mi barrio, no compartimos la misma visión de la vida y eso nos separa.

Por lo tanto, para liberarse de los complejos tenemos que:

Hacer bandera de los defectos

Defender públicamente **nuestros valores de amor y cooperación** por encima de la competitividad y los valores trampa es algo que hacemos principalmente por nosotros mismos, pero también algo que podemos hacer por los demás.

Cada vez que yo muestro mis defectos con orgullo y afirmo que no necesito ser de otra forma para ser feliz, estoy defendiendo a las demás personas que tienen defectos. Es como decirse: «De acuerdo: no soy guapo, pero ¡no lo necesito!... de la misma forma que un síndrome de Down no necesita ser listo para ser mi amigo».

Guillermo, mi paciente tartamudo, aprendió que su tartamudez podía ser una bandera en defensa de todos los humanos. Si Guillermo se mostraba tartamudo pero orgulloso de sí mismo, contribuía a la salud y la fortaleza del mundo.

Como Guillermo afirmó en una de nuestras sesiones: «Soy tartamudo ¿y qué?»; «Soy fantástico de todas formas»; «Todos mis amigos tienen fallos y, como grupo, somos indestructibles».

«Hacer bandera» de los defectos es una herramienta muy poderosa. Somos muchos los que tenemos defectos —en realidad, todos— y juntos vamos a conformar una comunidad estupenda: fuerte y feliz.

Muchas veces imagino que los «orgullosos de los fallos» somos como los Aliados en la Segunda Guerra Mundial: somos los buenos y los realmente poderosos.

En la Segunda Guerra Mundial estaba cantado que, tarde o temprano, iban a ganar los Aliados porque los lazos de cooperación son la grandeza del ser humano. Por eso, el ejército norteamericano desembarcó en Normandía junto a la Alianza de países democráticos y arrasó a los nazis. No podía ser de otra forma.

La fuerza bruta tiene un poder muy limitado. Cualquier chimpancé es tres veces más fuerte que un hombre. Si uno de esos animales tira con agresividad de tu brazo, te lo arrancará con facilidad. Pero eso no le permite prevalecer sobre las personas. Nuestro gran valor —a veces oculto— es la **cooperación**, nuestra capacidad de establecer lazos de amor. Los nazis fueron los chimpancés del nuestro mundo y los Aliados, los verdaderos humanos.

Y éste es el equipo de los que hacemos bandera de nuestros defectos: el verdadero bando de los fuertes. ¡Al cuerno con los complejos!

La monitora calva

En el gimnasio al que voy, da clases de spinning una monitora fantástica, llena de energía, muy animada, que canta a grito pelado mientras pedalea en la bicicleta estática. Rebosa positividad. Laura tiene una particularidad y es que es calva, completamente calva. Su cabeza es una bola de billar.

Pero a sus veintipocos años, es una mujer muy atractiva que encandila a todo el mundo. Tiene un gran carisma basado en su carácter.

Laura es una de las profesoras más queridas del gimnasio. Hace poco se casó y organizó una fiesta genial en la clase de spinning.

Sin embargo, ¿cuántas mujeres no se sentirían desdichadas si fuesen calvas?

Woody Allen, Santiago Segura, Danny DeVito, Quentin Tarantino, Eduard Punset... no son nada guapos, pero tienen vidas fascinantes y atraen a los demás.

¿Y en el caso de las mujeres? Es cierto que a ellas se les exige más la belleza física, pero hay que ir cambiando eso. Aun así, el mundo está lleno de mujeres poco agraciadas, pero con vidas apasionantes: Uma Thurman, Rossy de Palma, Hillary Clinton, Frida Kahlo...

Y es que la imagen no importa nada a la hora de tener una gran vida. Si quieres esforzarte por ser guapo, puedes hacerlo, pero va a ser un detalle nimio de tu vida. **Ni necesitas la belleza para ser feliz, ni la hermosura te va a dar satisfacciones auténticas.**

En 2011 vi una exposición de fotografía organizada por World Press Photo en Perpiñán en la que ganó una instantánea que retrataba a Bibi Aisha. Esta mujer de 18 años, de la provincia de Uruzgán, en Afganistán, abandonó a su marido porque la maltrataba. Esta decisión desató la ira de un comandante talibán, que autorizó a su esposo a cortarle la nariz y las orejas. La joven ahora vive en Estados Unidos, tras ser acogida por una organización humanitaria.

Como muestra la fotografía, Bibi está desfigurada, pero tiene un proyecto vital valiosísimo (la foto se puede encontrar en internet). Quiere estudiar magisterio para volver a Afganistán y dar educación a las mujeres pobres de su región. Bibi, según ella misma afirma, ahora es feliz: tiene un proyecto importante y mucha gente a su lado. Y es que ninguna condición física significa nada para las mentes fuertes y liberadas. Todos podemos ser tan fuertes como Bibi y decir: ¡Al cuerno con los complejos!

Apartarse de los locuelos ✍

Recuerdo que, durante la terapia, Guillermo objetó lo siguiente:

—Rafael, mucha gente no piensa como tú. Y esas personas sí que menosprecian a los demás por defectos como mi tartamudez.

A lo que yo repliqué:

—Lo sé. También hay gente racista del Ku Klux Klan, pero ¿sientes alguna necesidad de caerles bien a esas personas? Yo no. Ellos están en un lado y nosotros en otro. Lo mismo sucede con individuos con ideología nazi: mientras tengan esas ideas, no pueden contarse entre mis amigos.

No debemos olvidar que las personas saludables somos más y, sobre todo, somos más fuertes. Nosotros gozamos de una capacidad de unión y cooperación que supera de forma definitiva a los que endiosan valores trampa. Podemos emplear esa capacidad de asociación para mantenernos cuerdos y unidos.

Si aislamos a las personas que valoran cualidades como la competencia, la fuerza bruta, la belleza física o la inteligencia por encima del amor, estaremos presionándoles para cambiar. Seremos activistas por un mundo mejor.

Y, no lo olvidemos, también estamos evitando su mala influencia. Así como de niños mis hermanos y yo evitamos a los quinquis de mi barrio, nosotros podemos aislarnos de los lisiados emocionales. **Ellos a lo suyo y nosotros a lo nuestro**: no perdamos tiempo con su ideología y su loco mundo.

Los simpáticos señores de mi barrio

Cuando hablo con chicas anoréxicas —auténticas campeonas de los complejos de inferioridad— suelo explicarles lo mucho que me gustan los señores mayores de mi barrio actual. Suelo conversar con ellos cuando coincidimos en una tienda o en la misma calle. Uno de ellos es Jaime, el peluquero de la esquina, a punto de jubilarse.

Jaime es un cocinero buenísimo y hablamos mucho de recetas y cultivos ecológicos. Además, está enamoradísimo de su familia: su mujer y sus dos hijas, ya veinteañeras. Le encanta la gente, su trabajo y su vida. Jaime no es guapo ni creo que lo haya sido nunca, pero es un tipo genial. ¿Quién necesita esa estupidez llamada «hermosura» para ser así de armónico?

Todos podemos aprender la sabiduría de la gente madura que ya no se inmuta por valores absurdos y competencias infantiles.

Guillermo, mi paciente tartamudo, sigue trabándose al hablar, pero ya no se esconde, ni se castiga por ello. Y no lo hace desde que se integró en un ejército muy poderoso: en el de los seres humanos maduros, los que **aman la vida**, los que la amarán hasta cumplir los 100. Entre sus soldados están Josep Maria Ballarín, Stephen Hawking, Frida Kahlo... todos los filósofos del mundo, los artistas de todas las artes existentes, los millones de personas vibrantes que aman la armonía y el amor.

En este capítulo hemos aprendido que:

- Quitarse los complejos es fácil si cambiamos de sistema de valores y profundizamos en ello.
- Se trata de valorar el amor y la cooperación por encima de la fuerza, la belleza física, la inteligencia o cualquier habilidad práctica.
- Todos podemos hacer bandera de nuestros defectos: mostrarlos con orgullo para reivindicar un mundo mejor.
- No es mala idea apartarse de las personas inmaduras que sostienen un sistema de valores equivocado. Es una forma de combatir esos valores trampa en nuestra sociedad y evitar su influencia.

Aprender a NO PELEARSE con las COSAS

Aprender a no pelearse
con las cosas

Un rey muy caprichoso se quejaba de que el suelo irregular de su reino le hacía daño en los pies. Nadie más en esa tierra tenía ese problema, pero como él era todopoderoso ordenó al primer ministro alfombrar todo el reino: calles, caminos y carreteras.

El alto funcionario era un hombre sabio, que le dijo:

—Majestad, tengo una idea mejor. ¿Por qué no se compra unas buenas botas?

Cuando nos volvemos **hipersensibles a las incomodidades de la vida** querríamos hacer como el rey de esta historia. Este capítulo nos enseñará a comprar nuevas botas para nuestra mente, en vez de querer alfombrar todo lo demás.

Un paciente llamado Fermín vino a verme porque le molestaba mucho el ruido del ascensor. ¡Muchísimo! Se acababa de comprar un piso con su pareja y, por lo visto, la máquina, al llegar a los destinos, hacía un cataclac odioso. ¡No lo soportaba!

Al principio pensó que sería cuestión de acostumbrarse, pero pasados seis meses la cosa no mejoraba. De hecho, cada vez estaba más nervioso. Le estaba cogiendo aversión a su propia casa. Me contó que, al regresar del trabajo, había llegado a llorar frente a la puerta.

Fermín me explicó que su mujer y el resto de los vecinos no se quejaban del sonido. Sólo él. Y, por otro lado, reconocía que siempre había sido hipersensible a los ruidos. De joven, no podía estudiar en la biblioteca. Se tenía que encerrar en una habitación muy silenciosa de su casa y ponerse tapones. Entonces, incluso así, su madre tenía que pedir a los vecinos que no alzasen la voz para que su hijo pudiese estudiar.

Yo he visto en mi consulta muchos casos de hipersensibilidad a los ruidos y a las molestias en general. Y es que, cuando nos volvemos neuróticos, nos puede amargar la existencia cualquier minucia hasta el punto de convertirnos en auténticos cascarrabias.

Ayúdame... ¡me molesta todo!

Los cascarrabias lo pasan muy mal. Desde luego, son un incordio para las personas que tienen cerca, pero, sobre todo, son una tortura ¡para ellos mismos! Un paciente llamado Luis me decía en una ocasión:

—Rafael, me doy cuenta de que no estoy bien. ¡Me irrito por todo! Hasta el ritmo al que anda la gente por la calle me parece completamente inadecuado.

Luis no estaba bien en ningún lugar. Su agotada esposa me contó que, cuando iban a un hotel de vacaciones, lo normal era exigir que le cambiasen de habitación cuatro o cinco veces: los ruidos, la temperatura, el tamaño de la cama... todo estaba mal.

Para él, **la vida cotidiana era una gran fuente de irritación**: las esperas en los comercios, la lentitud de los dependientes, la mala educación de los desconocidos, la suciedad o el desorden... ¡Luis vivía en perpetua tensión!

Pero a lo largo de algunas sesiones, Luis aprendió a reconocer el mecanismo por el que llegamos a convertirnos en cascarrabias y, sobre todo, a cómo podemos perder esa hipersensibilidad a las molestias cotidianas.

Un dios llamado «comodidad» z^z_z

Sucintamente, podemos afirmar que **el secreto para dejar de ser un cascarrabias es darle menos importancia a la comodidad**. Incluso huir de ella.

En la actualidad, vivimos en el período histórico más cómodo de la humanidad. De hecho, el mayor logro del progreso occidental es el confort: aire acondicionado, calefacción, lavadoras, neveras, sofás ergonómicos... Sin embargo, cada vez estamos más perturbados a nivel emocional.

Los medios de comunicación nos han hecho creer que la comodidad es la madre de la felicidad, pero, como veremos, nunca lo ha sido. Pero nosotros nos hemos tragado esa idea. Para vendernos cosas, las imágenes de los anuncios presentan a personas básicamente felices gracias a la comodidad, el falso elixir del bienestar.

Pero lo único cierto es que la comodidad es como el chocolate, es buena sólo en cierta medida. Un poco de comodidad sienta bien; demasiada comodidad provoca diarreas mentales. Porque una persona feliz está activa, disfruta de la naturaleza, se interesa por su entorno, tiene proyectos pero no le presta demasiada atención al confort. ¡No lo hace!

Y es que si pudiésemos vivir en un entorno completamente confortable: encerrados para siempre en una habitación con la temperatura perfecta, la comida siempre a mano, sentados en un sillón megacómodo... para el resto de nuestra vida, **¿seríamos acaso felices?** ¡Para nada, qué aburrimiento!

¿Que en verano hace mucho calor hasta sudar la gota gorda? ¿A quién le importa si estás en Bangkok viviendo una aventura maravillosa? ¿Que estás cansado y te duelen los pies? ¿A quién le importa si estás de excursión en la montaña a punto de meter los pies en un arroyo?

El cascarrabias tiene que aprender que felicidad y comodidad son, muy a menudo, incompatibles. Su hipersensibilidad al ruido, a las esperas en los atascos, a los errores de los demás... es debida, por lo tanto, a su endiosamiento del confort. En ese sentido, le conviene preguntarse:

«¿Qué prefiero, ser feliz o estar siempre cómodo?».

Porque las dos cosas juntas no es posible tenerlas.

¿Tiene sentido la austeridad?

Hace algunos años, fui de visita a un pueblito de Italia llamado Poggio Bustone. Era miembro del Club Alpinista de Arezzo y hacíamos una ruta preciosa por los bosques de la región de Lacio. El final de la ruta se hallaba en esa localidad medieval de 2.500 habitantes.

Al llegar a Poggio Bustone, antes de dirigirnos el hostal donde nos alojábamos, el grupo quiso visitar un santuario cercano donde vivió san Francisco de Asís. Allí nos atendió un guía que, con cierto halo de misterio, nos enseñó el pequeño habitáculo donde dormía el santo. El hombre nos explicó que su cama era la gran piedra que se hallaba allí en medio. Al parecer, Francisco de Asís solía dormir sobre una losa del tamaño de una persona.

A todos nos llamó la atención la austeridad de aquel monje que, por otro lado, era un amante de la vida. Como muchos otros filósofos, el autor del *Cántico al hermano sol* se administraba dosis diarias de incomodidad. ¿Por qué?

Yo estoy convencido de que lo hacía para evitar apegarse a la comodidad. Seguramente, porque todos los seres humanos tenemos la tendencia a caer en la trampa de endiosar el confort. Gozamos de la comodidad durante un tiempo y enseguida pensamos: «¿No sería genial estar así todo el tiempo?».

Pero la naturaleza funciona de otra forma. Se rige en todos sus aspectos por la homeostasis que nos advierte de que «más no siempre es mejor»; **lo correcto es la medida justa**.

La naturaleza funciona con la búsqueda de un equilibrio

constante. Por ejemplo, existe un número óptimo de hormigas para determinado terreno; incrementar o disminuir artificialmente ese número puede desencadenar un desastre ecológico. Necesitamos ingerir cierta cantidad de agua diaria y por encima o por debajo de esos niveles no estamos hidratándonos bien. Todo tiene su límite y «la comodidad» no se sustrae a ese principio: **un poco de comodidad es buena, pero demasiada, es mala para el coco**.

Una incomodidad al día

Desde hace un tiempo, he introducido en mi consulta de Barcelona un ejercicio para combatir la hipersensibilidad del cascarrabias. Lo llamo la «dieta de la incomodidad». Consiste en autoadministrarse cada semana cuatro buenas dosis de incomodidad. **Se trata de buscar voluntariamente algunas molestias para desensibilizarse de ellas.**

Inspirado en san Francisco de Asís, todas las semanas, el paciente tiene que buscar situaciones incómodas y someterse a ellas estoicamente para darse cuenta de que no son tan malas. Para comprender que los seres humanos somos libres en la medida en que no necesitamos tanto confort.

El tratamiento de Fermín, por ejemplo, incluyó una buena dieta de la incomodidad y, entre otras cosas, escogió pasar todos los días, al menos una hora, en la habitación más cercana al ascensor de su casa: ¡una hora de cataclac al día! Su lista completa de molestias voluntarias fueron:

- Llevar a cabo mis pasatiempos cotidianos en la habitación más cercana al ascensor todos los días, al menos una hora, durante toda una semana.
- Ir a ver a mi padre y aguantar su mal carácter durante media hora como mínimo, todas las semanas.
- Ir de pie en el autobús aunque haya asientos libres.
- Escoger la cola más larga en el supermercado y acostumbrarme a que llegue mi turno escuchando música en mi MP3.

Además, muchas de las molestias voluntarias que Fermín se autoimpuso tuvieron un beneficio colateral (casi todas las adversidades las tienen): con su padre, mejoró la relación y eso le hizo sentir bien; ir de pie en el autobús, era bueno para bajar peso (y Fermín estaba grueso); y las esperas con música a la hora de comprar, le permitían introducir un momento de relajación en su jornada.

Sé que la dieta de la incomodidad puede parecer masoquismo. ¿Por qué autoinfligirse molestias cuando la vida ya te trae suficientes malestares? Pero la práctica clínica nos enseña que este ejercicio es el mejor reconstituyente para los cascarrabias. En aproximadamente dos meses, Fermín dejó de oír el ascensor en un 80 %. Y no sólo eso: el resto de sus manías e irritabilidad disminuyeron en la misma proporción.

La mente humana tiene una especie de interruptor que enciende o apaga nuestra atención. **Si aprendemos a apagarla selectivamente sobre determinada molestia, ésta desaparecerá** como si un hipnotizador nos metiese en un trance.

En mi despacho de Barcelona, entra el ruido de la calle —coches, voces...— pero yo ya no lo oigo. Si me detengo a escuchar, entonces aparece de nuevo en mi mente. Todos tenemos ese interruptor y todos podemos controlarlo. Si lo usamos, las molestias cotidianas simplemente ya no están. Los ejercicios de incomodidad voluntaria nos enseñan a emplearlo.

¿Se puede disfrutar de estar incómodo?

Acabaré este capítulo con una anécdota personal acerca de la superación de la incomodidad, pero antes me gustaría dar un paso más explicando que se puede llegar a sentir placer en la incomodidad.

Todos los pacientes que han llevado a cabo la dieta de la incomodidad me han explicado que este ejercicio de control mental proporciona una satisfacción particular. No sólo puedes llegar a estar bien durmiendo en una cama de piedra, sino que te puede llegar a gustar hacerlo. Yo mismo lo he experimentado muchas veces, como relato más adelante en la historia titulada «Crisis en Ikea». Se puede decir que cuando nos enganchamos al placer del control mental de la incomodidad, todo se vuelve más fácil y nosotros somos más maduros, más fuertes y libres en todos los ámbitos de nuestra vida. **El placer de la incomodidad es una sensación de libertad, de bienestar austero, de simplificación voluntaria de la vida que nos hace sentir fuertes.** Es posible que nos duelan los pies, pero permanecemos contentos y serenos. Podemos centrar nuestra atención en aspectos interesantes y hermosos de la vida y la molestia desaparece de la mente.

Pero que nadie se equivoque: seguimos siendo hedonistas. La vida es para disfrutar y las personas fuertes y saludables siguen priorizando el goce por encima de la austeridad. Se trata, en todo caso, de encontrar nuestra justa medida, ese equilibrio que rige todos los aspectos de la naturaleza.

Crisis en Ikea

En una ocasión, me llamó mi madre para pedirme que la acompañase de compras a Ikea, la macrotienda de muebles. Le pedimos el utilitario a mi hermano pequeño y nos plantamos allí un sábado a primera hora de la tarde.

Siempre me lo paso genial con ella; mi madre es una mujer divertida y agradable que, además, le encanta la decoración: se conoce Ikea mejor que los empleados de la tienda. Y así estuvimos comprando muebles para ella y algunos cachivaches para mí. Entre medias, reímos probando los dos juntos un colchón minúsculo —y cayéndonos por los lados— o escogiendo «la cortina más hortera» de la tienda.

Cuando acabamos de comprar, pagamos en la caja y fuimos a buscar la mercancía a un mostrador de entrega. Cogimos número y nos pusimos a esperar turno.

Pasó un cuarto de hora, veinte minutos, veinticinco, ¡media hora! ¡Y la cola no había avanzado ni un ápice! Definitivamente, algo sucedía. No es normal esperar tanto tiempo allí.

Como todo el mundo sabe, ir a Ikea es cansado porque la tienda es enorme y, compres mucho o poco, acabas caminando kilómetros. Así que aquella espera extra, al final de la jornada, era demasiado para mis pies doloridos.

En ese momento, sentí que una fuerte emoción de impaciencia y enfado subía por mi cuerpo y empecé a decirme a mí mismo: «Pero ¡cómo es posible que tarden tanto! ¿Hasta cuándo nos van a tener aquí? ¡Esos currantes se lo toman con una calma increíble! ¿No se dan cuenta de que estamos hartos de esperar? ¡Ya casi son las 8 de la noche y me voy a perder el partido del Barça!».

Las emociones negativas iban creciendo a toda marcha. ¡Lo notaba claramente en mi interior! Miré a mi madre, pero ella estaba tan contenta ojeando un catálogo. Y, entonces, tuve la lucidez de darme cuenta de lo que estaba haciendo. Me detuve. «¡STOP!», me dije, «¡Rafael, contrólate ya mismo!» Como sólo habían pasado unos segundos, ni siquiera un minuto, lo conseguí con facilidad.

Y lo siguiente fue muy bonito: me senté en uno de los bancos que tienen allí, saqué mi iPod y seleccioné un álbum de Sting que hacía tiempo que no escuchaba. Y, en minutos, empecé a sentirme muy bien. Me dije a mí mismo: «Puedo estar aquí, tan tranquilo y relajarme. ¿Quién dice que no? Hace buena temperatura, no tengo hambre ni sed: disfrutemos del momento».

Y, *voilà*, se hizo el milagro: ¡me relajé!

Además, mientras estaba allí, escuchando la buena música de Sting, tuve un recuerdo maravilloso de mi infancia. Recordé una ocasión en la que mi madre y yo fuimos a una zapatería de mi barrio. Debería de tener 8 años. La zapatería Querol era un comercio grande y magnífico y, mientras mi madre se probaba zapatos de tacón, yo estaba sentado en un banco, simplemente esperando. Y recuerdo que me encontraba muy bien.

Se trataba de una tarde veraniega en Barcelona. Era feliz y estaba plenamente satisfecho de la vida, allí, sencillamente esperando a mi hermosa y cariñosa madre. Recuerdo que, en un momento dado, vi a un adolescente sentado en una silla. Era el hijo de la dueña de la tienda. Y con mis ojos de niño curioso, me fijé en cómo vestía: moderno como pocos. Su corte de pelo, su manera de sentarse... Me gustó su estilo. «Yo seré un chico guay como él», pensé.

De repente, mi madre me llamó y me sacó de mi ensimismamiento:

—Rafa, ya estamos.

Cogí su mano y pusimos pie en la calle. En esa maravillosa calle de mi dulce barrio de mi fantástica infancia.

Aquella noche, en Ikea, sucedió lo mismo:

—Rafa, vamos a buscar los muebles. Ya es nuestro turno.

Y, minutos más tarde, esta vez en el coche, regresábamos a casa. A otra maravillosa calle, de otro dulce barrio, de mi fantástica vida.

En este capítulo hemos aprendido que:

- A veces, nos hipersensibilizamos a las molestias cotidianas nosotros mismos. Podemos detener ese proceso.
- La técnica para hacerlo es comprender que no necesitamos tanta comodidad.
- La comodidad y la felicidad no son del todo compatibles.
- Los ejercicios de austeridad autoimpuesta sirven para liberarse de ese nocivo apego a la comodidad.

Aprender a NO PELEARSE con las PERSONAS

Aprender a no pelearse con las personas

El famoso soldado Noda había peleado en muchas y cruentas batallas. Estaba hastiado de la guerra, deprimido y descreído. Para buscar un nuevo sentido a su vida, acudió a visitar al maestro Riokan.

Cuando lo tuvo delante, le preguntó:

—¿Existe realmente un cielo y un infierno?

—¿Quién eres tú? —le preguntó el maestro con gesto despectivo.

—¡Soy un samurái! —respondió Noda.

—¿Tú? ¿Un guerrero? —exclamó Riokan—. ¿Qué clase de gobernante emplearía a un pobre diablo como tú?

Noda se puso rojo de furia y movió la mano hacia la espada. Impasible, Riokan siguió hablando:

—¿Llevas un arma? Seguro que ni siquiera sabes emplearla. Mejor véndela y, con lo que te den, te compras un arado.

El soldado dio un salto hacia atrás para sacar la espada de su vaina. Su rostro estaba realmente encendido por la ira. Sudaba y parecía que los ojos se le iban a salir de las órbitas. Nadie se atrevía a hablar así a un samurái.

Justo entonces, un sonriente Riokan dijo:

—Mira: ¡ahora se han abierto las puertas del infierno!

El samurái mudó la cara. Había entendido de golpe las palabras del maestro. Avergonzado, envainó la espada e hizo una reverencia en señal de respeto.

—Y, mira, amigo mío: ahora se abren las puertas del paraíso —concluyó Riokan.

Vamos a estudiar un capítulo esencial de la fortaleza humana: **las relaciones con los demás**. Saber lidiar con las imperfecciones del otro nos abre las puertas del cielo, pues en las buenas relaciones se halla una de las fuentes de gratificación más importantes de la vida. Si nos obstinamos en ser infantiles e hipersensibles, sin embargo, pueden abrirse las puertas del infierno.

Hace un tiempo, tuve una paciente llamada Ángela que era también psicóloga, aunque en aquel momento no ejercía la profesión. En el pasado, según decía, «había hecho grandes cosas»: había sido profesora en una universidad e incluso creado una fundación de ayuda al Tercer Mundo.

Pero cuando vino a verme estaba muy mal de ánimo. Sufría una gran ansiedad y todo le provocaba temor. De hecho, estaba de baja y la sola idea de volver al trabajo, la estresaba.

El caso es que esta paciente de unos treinta y pocos años me trataba fatal en cada una de las visitas. Y es que tenía un gran complejo de superioridad (que siempre esconde un complejo de inferioridad).

Me decía cosas del estilo:

—¡Basta ya! ¿Te atreves a darme lecciones a mí? ¡Por favor, pero si yo he escrito muchos artículos sobre eso!

Yo, pacientemente, respondía:

—Muy bien. No hay problema. Hablemos pues de otra cosa.

Si me movía ligeramente meciendo mi silla reclinable, me decía:

—¡Por favor! ¡Qué falta de educación! ¡Deja de menearte de esa forma inmediatamente!

Y yo:

—Perdona, Ángela. Sigue, por favor, con lo que me decías.

Alguna vez me había llamado «triste pobre», ya que ella procedía de una familia rica, y muchas otras lindezas: «descuidado», «inútil», «creído»...

Uno de esos días, cuando Ángela justo había salido por la puerta, charlé con una colega psicóloga con la que, por aquel entonces, compartía despacho. Le dije:

—Tengo una paciente realmente curiosa: me trata muy mal. Nunca había trabajado con un caso tan exagerado.

Mi colega abrió mucho los ojos y espetó:

—Pero eso no lo puedes aguantar. ¡Tienes que ponerle límites ya mismo!

Entonces, a modo de broma, cogí una de mis tarjetas profesionales y se la acerqué:

—Mira, te doy mi tarjeta. Cuando quieras, ven a verme a mi consulta.

¿Por qué tenía yo que ponerle límites a la pobre Ángela? ¿Por qué me tenía que sentir mal por sus insultos? La mujer estaba neurótica y mi trabajo era precisamente ayudarla.

De hecho, tengo que decir que las sesiones con ella eran de las más divertidas. Cada vez que la veía programada en mi agenda, pensaba: «¿Con qué insulto me sorprenderá hoy Ángela?».

Demasiado sensibles a las neuras de los demás

Casi todos los pacientes que pasan por mi consulta, trabajan, tarde o temprano, el tema de las relaciones con los demás. Y es que hasta que no aprenden a no pelearse nunca con nadie —o acercarse al máximo a ello—, no damos por acabada la terapia.

Las personas realmente fuertes y felices no se pelean casi nunca. No pierden su precioso tiempo ni su magnífica energía en eso. Están centradas en disfrutar con sus proyectos y su vida. ¡Y lo mejor es que los improperios y las salidas de tono apenas les molestan!

Pero cuando estamos neuróticos nos sucede todo lo contrario: nos volvemos hipersensibles y paranoicos, protegiéndonos anticipadamente de quien nos podría ofender. Muchas veces, el resultado es que acabamos por aislarnos con la idea de que la gente es un asco.

Perder esa hipersensibilidad es fundamental. Vamos a ver cómo podemos hacerlo.

Puedes insultarme

Muchas veces, planteo a mis pacientes «la situación del indigente faltón»:

—Imagina que ahora salimos de aquí para irnos a casa y cuando estamos en la calle, en la acera de enfrente, vemos a un indigente alcohólico tirado en el suelo. Está en muy malas condiciones: va sucio y sostiene un cartón de vino barato. Imagina que cuando nos ve pasar por el otro lado de la calle, grita desde la distancia: «¡Vosotros dos: maricones! ¡Sois unos pedazos de pijos maricones!». ¿Tú qué crees que haremos nosotros?

—Pues irnos al metro y punto —me suelen contestar.

—No nos afectan las locuras de ese hombre, ¿verdad? —insisto.

—No, no. Está claro.

—Pues por esa misma razón no tienen por qué afectarnos los insultos de nadie: se trata siempre de «sus» locuras que, además, no tienen ningún sentido —aclaro.

—¡Pero ese ejemplo está muy claro! Es evidente para todo el mundo —suelen replicar.

—No te creas. Yo he conocido a gente (chicos violentos sin educación) que me dicen que ellos le callarían la boca al borracho porque ¡les ha insultado! Además, suelen argumentar que «si dejas que te pisen una vez, te pisará siempre todo el mundo». Pero se equivocan: ¿quién es más maduro: nosotros o los jóvenes peleones?

—Pues nosotros, claro —responden.

—Pues esa misma madurez es la que tenemos que adquirir ante cualquier insulto. Proceda de quien proceda: hermanos, compañeros de trabajo, amigos... porque cualquier maltrato procede de la locura y como tal hay que tratarlo.

Y es que el tema de los insultos, de los maltratos verbales, del respeto... no lo llevamos nada bien y hay mucha confusión al respecto, incluso por parte de muchos psicólogos. **¿Cuántas veces no nos ha amargado el día el insulto de alguna persona?** Hay que evitar que eso nos afecte tanto.

Ahora mismo puedo recordar algunos de mis propios episodios de malestar por haber sido insultado: en una cena donde un bocazas me ofendió con alguna tontería; alguien que se pasa de la raya en las reuniones familiares; un compañero de trabajo especialmente desagradable, etc.

Y también me doy cuenta de que, en todas y cada una de esas ocasiones, me podía haber ahorrado el cabreo.

Las estrategias mentales para conseguirlo son:

- Comprender la locura del otro.
- Construirse una autoestima muy sólida.

- Crear canales de comunicación sencillos y fluidos para influir en los demás.
- Y, a veces, aprender a apartarse del loco con racionalidad.

Vamos a verlo.

Entender al ser humano

El primer paso para conseguir no enfadarse ante un insulto consiste es confiar más en la naturaleza humana, comprender que todos los seres humanos somos maravillosos cuando nacemos y durante toda nuestra infancia.

Entonces ¿qué sucede cuando nos convertimos en personas faltonas y menospreciativas? ¡Que nos confundimos! ¡Que enloquecemos! Fruto de una experiencia educativa errónea, a veces, aprendemos a relacionarnos mal: desconfiamos de los demás, estamos abrumados por sentimientos de inferioridad o simplemente creemos que lo correcto es situarse por encima de los otros.

Esos adultos agresivos son niños confundidos que no se dan cuenta de que las únicas relaciones que promueven la felicidad son las relaciones amorosas basadas en darse el máximo cariño posible. Son como perros locos a los que han pegado de cachorros: no saben que otra vida es posible.

Por lo tanto, **una persona ofensiva es una persona muy perdida y, a veces, directamente loca**.

En una ocasión, leí una entrevista a un hombre llamado Nalo Quiroz, colombiano de Medellín. Nalo había crecido en una familia humilde pero honrada; sin embargo, en su adolescencia, escogió el camino de la droga y la delincuencia. Desde los 17 años hasta los veintilargos fue el jefe de una pandilla de atracadores en uno de los lugares más violentos del mundo. Ahora a sus 42 años, reconoce que tuvo suerte cuando lo condenaron por un delito de robo. «Dentro de la cárcel tuve una crisis personal que me hizo cambiar. Me di cuenta de que mi vida hasta el momento había consistido en un torbellino de odio y venganza. Hoy en día todavía lloro muchas noches por las personas a las que arrebaté la vida.»

Nalo Quiroz afirma que él ha tenido dos vidas: «la del odio loco que dejé atrás en la cárcel», y la actual: «del amor y el servicio a los demás». Una organización católica insertada en el temible penal La Dorada lo rescató: allí dejó la droga, retomó sus escasos estudios primarios y decidió que iba a ser una persona distinta. En la actualidad, dedica su tiempo libre a educar a los jóvenes de los barrios degradados de Medellín.

Esas personas, como el indigente borracho o el antiguo Nalo Quiroz, están fatal. Van por mal camino y, tarde o temprano, su actitud les pasará factura. Claramente, ellos son las principales víctimas de su talante. Pero, por suerte, muchas veces se dan cuenta de su error y se transforman en personas dulces y positivas. Al menos, algunos lo hacen.

Comprender la locura del otro es fundamental para no hacer sangre cuando alguien nos falte al respeto, cosa que seguro sucederá porque el universo es imperfecto y el ser humano también.

Si entendemos que cualquier persona que nos insulta no está en sus cabales, como el indigente borracho, conseguiremos poner distancia entre la afrenta y nosotros mismos, podremos ganar la perspectiva necesaria para no enfadarnos, sino tener lástima y quizá esperanza de cura para el confundido niño que todos llevamos dentro.

Construirse una sólida autoestima

Hemos visto que el primer paso para aprender a no pelearse con los demás es comprender la locura del ser humano. Lo siguiente es que no nos afecten las «bajadas» de posición a las que, a veces, nos someten esos lunáticos. El antídoto: **construirse una gran autoestima**.

Cuando alguien se mete con nosotros, lo que más nos fastidia es que «nos dejan abajo», nos menosprecian, nos quitan una cualidad. Cuando nos llaman horteras, tontos, incapaces, ridículos... es nuestra posición la que se ve atacada. Eso sí, sólo para los que no se han construido una autoestima a prueba de bomba. Para las personas realmente fuertes, no pasa nada.

Pero lo que quizá nos sorprenda es que esa autoestima está basada en la simplificación, en la humildad, en la renuncia.

Para hacerlo, tenemos que convencernos de que somos geniales no porque seamos guapos, listos o hábiles, sino sólo y exclusivamente por una sencilla pero poderosa razón: porque somos seres humanos con capacidad de amar.

Pensémoslo bien: la capacidad de amar —a los demás y a la vida— es la única cualidad necesaria para tener una vida vibrante y hermosa. En comparación, ¡los demás atributos —belleza, inteligencia, por ejemplo— importan un comino! Por eso, a la persona fuerte se la trae al pairo que le digan tonto o feo.

Los dotados de una gran autoestima se dicen a sí mismos: «Si fuese tonto, podría ser un gran artista visual y tener una gran vida»; «si fuese hortera, podría dedicarme a viajar y a amar, y mi falta de elegancia no sería más que una anécdota». Por lo tanto, «seré siempre una persona feliz y valiosa, estrictamente, gracias a mi gran capacidad de amar la vida».

Es lo que yo llamo «bajar abajo para subir a lo más alto». Ante cualquier menosprecio, si aceptamos temporalmente el agravio y nos damos cuenta de que no importa carecer de tal o cual cualidad, inmediatamente, subimos a lo más alto: nuestra madurez se situará entre las más sólidas.

En la consulta, empleo el siguiente símil:

—Imagina que una persona de raza negra se te pone enfrente y te dice: «¡Blanco!». «¡Eres un blanco y lo sabes!» ¿Cómo te lo tomarías? —le pregunto al paciente.

—No me importaría —me dicen riendo.

—Pero piensa que te lo dice con ganas de fastidiarte —añado.

—Es igual. No me sentiría menospreciado. A lo mejor pensaría que esa persona está un poco chiflada, pero nada más —me suelen contestar.

Y es que **si somos capaces de encajar con tranquili-**

dad la descalificación porque no la consideramos como tal, nadie podrá menospreciarnos.

Cuando Ángela, la paciente psicóloga, me insultaba, yo no me sentía mal porque podía admitir todo eso —ser maleducado, inculto o pobre— y mantener mi autoestima intacta ya que sé que ser inculto, pobre o maleducado no me impedirá tener una gran vida: siempre que sepa amar la vida y a los demás.

Crear canales de comunicación

Esta aceptación de la que hablamos no significa que no podamos indicar al otro la manera correcta de tratarnos. Podemos hacerlo, pero desde la tranquilidad de tener intacta la autoestima.

Si no nos sentimos realmente insultados ante nada, cuando alguien nos diga una estupidez, replicaremos con serenidad y desde una posición de superioridad: «En vez de decirme esas cosas tan feas, me gustaría que me tratases mejor. No es necesario, pero sería genial».

Yo soy muy partidario de comunicar todo lo que deseemos, pero con ciertas condiciones:

- Replicar días después de que el agravio haya ocurrido, ya que, si no, es fácil terribilizar y ponerse agresivo.
- Emplear canales sencillos como el escrito. Soy muy partidario de escribir notas, correos electrónicos, posits... Una nota escrita causa mucho impacto y es más fácil que un enfrentamiento cara a cara.

Veamos algunos ejemplos:

Una vez me preguntaron en una entrevista de radio qué opinaba de «dejar a una novia por mensaje telefónico (SMS) o, peor aún, por WhatsApp». Y mi respuesta fue:

—Me parece bien.

—Rafael, ¿cómo puedes decir eso? —me preguntaron sorprendidos.

—Lo principal es comunicar; como sea. Mucho peor es no decirle nada en meses porque no te atreves a decírselo a la cara.

Muchas veces, a las personas nos entra lo que podríamos llamar «perfeccionismo comunicacional», esto es, nos obligamos a expresarnos de la manera más correcta y, con esa presión encima, al final, no decimos nada. Yo abogo por comunicar de una forma más sencilla y, si quieres, cobarde, pero ¡asegurarnos de que lo hacemos!

Hace unos años, tenía una vecina llamada Natalia, buena chica, pero un poco problemática. Frecuentemente, dejaba al perro solo durante todo el fin de semana. El pobre animal lloraba y aullaba todo el tiempo. Otras veces, se dejaba grifos abiertos hasta que el agua bajaba por la escalera del edificio. En más de una ocasión, se había peleado con su novio a grito pelado con comparecencia policial incluida.

Cada vez que tenía que llamarle la atención —cosa muy frecuente—, lo hacía justo al salir para ir a trabajar, bien de mañana. Le dejaba una nota colgada con celo en la puerta de su apartamento: «Querida Natalia: tu perro estuvo todo el finde llorando y molestaba a los vecinos. Lo hablamos cuando te vea. ¡Abrazo y buen día!».

¡Ya estaba dicho! Luego, cuando me la encontraba por las escaleras, era mucho más sencillo hablar del tema. Entonces, era fácil decirle: «Natalia, ¿has leído mi nota de ayer?; ¿qué podemos hacer con el perro?».

Comunicar por notas o emails es mucho más fácil que decir las cosas cara a cara. Facilitémonos el trabajo. Por otro lado, no está de más crear ese canal de comunicación escrito y mantenerlo siempre abierto. Por ejemplo, todos los lunes le podemos escribir un mensaje electrónico a nuestros compañeros de trabajo para comunicarles nuestras cosas. El hecho de que todos mis amigos, pareja o compañeros esperen mis notas escritas de forma periódica, hace que fluya mucho mejor la comunicación de las críticas o peticiones de mejora.

Apartarse en último extremo

Ya llegamos al final de este minicurso de relaciones personales. Hemos visto que para evitar pelearse con los demás debemos comprender el corazón del ser humano, tener una fuerte autoestima y comunicar las mejoras fácil y constructivamente. El último paso es **saber apartarse**, pero sólo en el último extremo.

En cuanto al tema de las relaciones personales, más de una vez me han preguntado: «Pero hay personas muy pesadas. ¿Qué hacer con los verdaderos insoportables? ¿Los tenemos que aguantar toda la vida?».

Mi respuesta es «no» porque es obvio que todo tiene un límite, pero hay que ir con mucho cuidado porque solemos ser demasiado rápidos a la hora de apartar a la gente de nuestra vida. Si pecamos de algo es de hipersensibles y eso nos lleva a «despedir» a demasiadas personas valiosas.

Yo creo que la estrategia más adecuada es:

- Intentar aprender a no molestarse nunca ante los agravios de los demás.
- Una vez que no nos afecten sus insultos, decidir si deseamos seguir con esa relación o no.

Es interesante no retirar el saludo al faltón para emplear esa relación como crecimiento personal. Sólo después de lograr esa mejora en nuestra autoestima podremos, si aún deseamos hacerlo, darle la espalda para siempre. En relación a eso, yo suelo hablarles a mis pacientes de «nuestros particulares maestros zen».

Acepta a tus maestros

Tengo un buen amigo, editor de libros, que pasó por una crisis vital. A sus 35 años todo le iba bien: estaba casado con una mujer fantástica, tenía una casa preciosa, su empresa funcionaba viento en popa, pero le faltaba algo a su vida.

Un día quedamos para comer y me explicó que estaba a

punto de irse a un monasterio del Himalaya a hacer un retiro budista. Un mes entero. Me sorprendió bastante porque Pere nunca había mostrado interés por el crecimiento personal. ¡Debía de estar realmente mal!

Lo tenía todo preparado. Había comprado los billetes de avión, se había inscrito en el curso y hasta tenía un mapa del tortuoso trayecto en jeep que debía hacer hasta llegar al lugar. Toda la aventura le salía por un pico.

Una vez de vuelta en Barcelona, me explicó cómo le había ido.

Cuando finalmente llegó al monasterio, le presentaron a su maestro, un venerable hombre de casi 80 años llamado lama Wangchen. Era un anciano cálido y risueño, con un aura de paz que casi se podía tocar. Hablaron un rato y el lama, en un inglés rudimentario, le dijo:

—Amigo Pere, mañana empezaremos la formación. Descansa de tu largo viaje.

Inclinó la cabeza en señal de respeto y se fue.

Pere estaba molido. Sólo había dormido unas pocas horas entre aeropuertos y carreteras en mal estado. La dura cama de su colchón de paja le pareció una maravilla. En cuanto se metió en ella, se quedó profundamente dormido.

¡A la colina!

Debían de ser las cinco de la mañana, cuando Pere oyó un estruendo tremendo que le arrancó violentamente del sueño. El corazón le dio un vuelco y estuvo bloqueado unos segundos intentando recordar dónde estaba.

¡Pam, pam, pam! ¡Eran golpes fortísimos que procedían de su puerta!

Pere encendió una linterna de esas que se ponen en la frente para hacer senderismo. Iluminó la entrada de su celda y, efectivamente, vio cómo la puerta estaba siendo sacudida desde fuera. Otra vez: ¡pam, pam, pam!

Confundido y asustado, se dirigió a la puerta para abrirla. Lo hizo y se encontró... ¡al lama Wangchen! De hecho, le pilló con el brazo alzado y la mano bien abierta, a punto de darle más mandobles a la puerta.

El hombrecillo, con una voz dulce, dijo:

—Buenos días, Pere.

Mi amigo no se lo podía creer. ¿Aquel venerable abuelo de movimientos lentos era capaz de atizar así a la puerta? ¿Y a qué venía tanto alboroto? Se resolvieron las dudas cuando el monje habló de nuevo:

—Vístete, amigo Pere, porque vamos a meditar a lo alto de la colina. ¡Adelante! —Y dicho esto, se quedó delante de la puerta, esperando.

Pere no comprendía nada:

—¿Ahora mismo? Pero si son las cinco de la mañana...

—La hora santa del día, amigo Pere. ¡Adelante! —dijo de repente con voz fuerte.

Pere se sentó en la cama y se dispuso a ponerse los pantalones en estado de shock. Para sus adentros, pensó: «¡Y no se va de la puerta! ¡Podría dejarme vestirme el tío!».

Efectivamente, el lama sonreía desde el umbral, trabando la puerta con el pie para que no se cerrase.

Ya en el exterior, empezaron a ascender la colina que se erguía justo delante del monasterio. Hacía un frío intenso y no habían desayunado nada. Pere miró los brazos y las pantorrillas desnudas de Wangchen y se asombró de que no llevase calcetines dentro de sus alpargatas.

El ritmo de subida del monje era endiablado. Pere, treinta años más joven, casi no podía seguirle. Cuando llegaron arriba, se sentaron en una zona con vistas.

—Éste es tu sitio. Ahora, hijo, concéntrate en la respiración. Sólo en la respiración —dijo el monje.

Pere pensó: «¡No lo dirá en serio! ¿No pretenderá que me quede aquí con el frío que hace?». La voz del monje interrumpió esos pensamientos:

—Nos vemos a mediodía, amigo Pere. Disfruta todo lo que puedas.

Y, efectivamente, Wangchen se fue colina abajo a la misma velocidad de crucero con que había subido mientras Pere se quedaba atónito, en medio de la nada. Por un segundo, creyó oír la risa del monje mientras se marchaba. Quizá fuera el viento.

Mi querido amigo se pasó toda la mañana maldiciendo al monje y la estúpida idea del viaje, todo ello mezclado con oscuras ideas acerca de la pulmonía que iba a coger allí arriba.

Pero según me explicó a la vuelta de su retiro **ésa fue la experiencia más importante de su vida**, a la que siguieron muchas otras parecidas e inestimables.

—Al final de la semana iba a meditar arriba en la colina superfeliz. ¡Yo, que siempre he sido un quejica!

Por todas partes, maestros

Muchas veces, en mi consulta de Barcelona, les cuento a mis pacientes la historia de Pere y el maestro Wangchen. Y lo hago cuando se quejan de su esposa, de su suegra, de su jefe... Les digo lo siguiente: «Yo creo que tu suegra es, en realidad, un maestro zen disfrazado. Te lo manda el universo para que aprendas una valiosa lección: "Que necesitas muy poco para estar bien"».

De hecho, en las lecciones privadas que le dio el lama a Pere, le dijo: «Tienes que aprender a estar cómodo, allá arriba, sentado sobre la hierba, con frío y sueño... porque has de darte cuenta de que todo está en la mente: puedes estar muy feliz allí arriba, pese a todo».

Los monjes budistas son expertos en poner a sus discípulos en situaciones difíciles porque quieren que experimenten la paz interior al margen de las adversidades del entorno.

Y esta misma lección te la pueden enseñar tus amigos difíciles. Te ponen en situaciones incómodas en las que tú puedes escoger entre estar bien o mal. Si estás bien, pese a esa incomodidad, te estás haciendo fuerte. Si estás mal, te vuelves un quejica y un neurótico.

El trabajo de crecimiento personal que propone la psicología racional se podría definir como «aceptar a nuestros maestros zen». **Tu evolución hacia la fortaleza y la plenitud requiere que no les des la espalda cuando aparezcan en tu camino.**

Imagina que el universo estuviese regido por una inteligencia superior —llámale naturaleza o Dios— que te enviase a ti, precisamente a ti, siempre que lo necesitases, un maravilloso maestro zen para enseñarte una preciosa lección.

En este capítulo hemos aprendido que:

- Para mantener una mente saludable hay que evitar pelearse con los demás.
- Ser demasiado susceptible nos lleva al aislamiento y a gastar mucha energía en pelearnos; energía que podríamos emplear en proyectos valiosos.
- Para dejar de ser susceptibles tenemos que comprender que el faltón está enfermo y que podría curarse.
- Una sólida autoestima se basa en estar dispuesto a «bajar abajo»: ser tonto, feo o torpe no nos tiene que importar demasiado.
- Podemos pedirle al faltón que cambie, pero siempre con sosiego y dándole la opción de no hacerlo. ¡No exageremos al respecto!
- Poder soportar de buen grado las faltas de nuestros seres queridos nos hace más fuertes.

Afrontar GRANDES ADVERSIDADES

Afrontar grandes adversidades

Érase una vez un caminante en medio de la montaña. A lo lejos divisó un gran rebaño de ovejas dirigidas por un rústico pastor. Como no tenía mucho que hacer, se acercó al hombre y le preguntó:

—¿Qué tiempo vamos a tener hoy?

El pastor se levantó la gorra y respondió:

—Sin duda, el tipo de tiempo que más me gusta.

El forastero se quedó sorprendido por la réplica y dijo:

—¿Cómo demonios sabe que hará un tiempo de su gusto?

Y el pastor, mostrando la sabiduría propia de la gente sencilla, concluyó:

—Amigo mío: como hace tiempo que averigüé que no siempre obtengo lo que quiero, he aprendido a apreciar lo que tengo. Por eso sé que hoy hará un día fantástico.

Raun nació tan sano y tan fuerte como sus dos hermanos mayores. Sus padres, Neil y Samahria, eran dos jóvenes llenos de energía y amor por la vida, responsables y trabajadores, aunque con un toque hippy, como casi todos en el San Francisco de los años setenta. Era la época de *Starsky y Hutch* y los Jackson Five. Estaban encantados con su vida que acababa de redondearse con la llegada de su tercer hijo.

Pero a los doce meses, Raun empezó a desarrollar un problema de sordera. No respondía bien a los estímulos auditivos: ya no atendía a su nombre y a otros sonidos.

Durante los siguientes meses, además, se añadió otra peculiaridad: se pasaba más y más tiempo mirando a un punto fijo, absorto, y prefería claramente jugar solo que con los demás. Cuando lo cogían, dejaba colgar los brazos como inertes. Los médicos le hacían pruebas, pero no encontraban ninguna afección orgánica.

A los dieciocho meses, el niño ya se había apartado completamente del contacto humano. Su mente parecía un muro infranqueable. Fue entonces cuando le diagnosticaron autismo severo. Los médicos dijeron que esta enfermedad le provocaría un gran retraso mental. Era imposible evitarlo.

Se trataba de un caso clásico de **autismo**. Raun miraba a sus padres como si fuesen transparentes. Y sus pasatiempos favoritos eran balancearse hacia delante y atrás y hacer rodar cualquier objeto que hubiese delante. Nada de lenguaje ni gestos: no lloraba ni por comida ni para que lo sacasen de la cuna.

Neil y Samahria acudieron a innumerables especialistas y leyeron todos los libros sobre el tema sólo para comprobar que la ciencia médica no tenía mucho que ofrecer a su hijo salvo una hospitalización en un triste centro para incurables.

Pero ahí no acabó la historia de la familia Kaufman. Lo que les haría famosos en todo Estados Unidos es que Neil y Samahria curaron a su hijo. Por primera vez en la historia de esta enfermedad, tres años después de ese primer diagnóstico de autismo, el pequeño Raun de poco más de 4 años de edad aprendió a hablar y a relacionarse con los demás como cualquier otro chico de su edad.

Sus padres idearon su propio programa de hiperestimulación al margen de lo establecido por la medicina, que logró despertar a su hijo del letargo. Raun se convirtió en un estudiante brillante y acudió a una de las mejores universidades del país. Hoy en día, dirige un centro para el tratamiento del autismo y da cursos y conferencias por todo el mundo.

¡Bienvenido sea el autismo! ♥♥

Éste no es un libro acerca del autismo, así que no me extenderé sobre el tratamiento que aplicaron con Raun, pero sí que hablaré de la actitud que, desde el inicio, tuvieron esos padres respecto a su hijo discapacitado. Ellos enseguida vieron al pequeño como un regalo del cielo, hablase o no hablase, fuese listo o tonto: era su maravilloso hijo con su magnífica vida. Lo amaban incondicionalmente y lo veían como una oportunidad para aprender y disfrutar todavía más de la vida. Para los Kaufman, **el autismo se trataba de una manifestación más de la existencia humana: no era nada malo en sí**.

El ex autista Raun, ya de adulto, describe así cómo le trataron sus padres durante su temprana infancia:

> Mis padres hicieron algo muy inusual. Se negaron en rotundo a calificar el autismo de «terrible», de catástrofe sin sentido. ¡Todo lo contrario! Decidieron ver belleza donde los otros veían tragedia, luz donde los otros veían oscuridad, felicidad y no tristeza. Escogieron aportar belleza al mundo e hicieron algo grande de esa situación. Esa actitud y su apasionante perseverancia, fue lo que produjo mi espectacular metamorfosis, lo que me permitió salir de mi encierro sin ningún rastro de mi antigua condición.

Efectivamente, la clave del trabajo de esos padres fue que no veían el autismo como un problema, sino como algo fascinante. Estos dos inusuales padres, llenos de vitalidad, pusieron tanto amor y alegría en el tema del autismo que se convirtieron en expertos en el tratamiento de estos niños. Tan expertos que aprendieron a sacarle de ahí.

Y es que, para algunas personas, la vida es un regalo continuo, un viaje apasionante en cada una de sus etapas, sean cuales sean las estaciones. Una enfermedad puede convertirnos en expertos terapeutas. Un terremoto, en héroes salvadores. Una muerte inesperada, en el mejor de los amigos.

La terapia racional consiste en eso: apreciar la vida en cada momento viendo oportunidades donde los demás sólo ven adversidades.

Neil, el padre de Raun, también dio su versión de los hechos en una entrevista de televisión (los Kaufman se hicieron muy famosos en el Estados Unidos de los años setenta):

> Nosotros decidimos ser felices con nuestro hijo. Nos integramos en su mundo con sinceridad y entusiasmo. Dejamos de juzgar su conducta autista como «buena» o «mala». En verdad, era lo mejor que podía hacer en ese momento. Entonces, cuando él se balanceaba, nosotros nos balanceábamos con él. Cuando daba una palmada, nosotros también. Cuando hacía girar un plato, nosotros igual. Cuando emitía sonidos agudos, cantábamos «su canción». No se trataba de imitarle, sino de comunicarnos a su manera. Poco a poco, llegamos a su mundo y empezamos a construir puentes de afecto, gestos y palabras.

Los Kaufman crearon un programa de hiperestimulación de doce horas diarias de duración en el que implicaron a voluntarios de su vecindario, amigos y familiares.

> Le dimos la vuelta a nuestra vida. Cambiamos la disposición de las habitaciones de la casa para acomodarlas al programa. Nuestros otros dos hijos también se metieron de lleno. Y yo finalmente dejé un negocio que me iba muy bien para dedicarme a tiempo completo.

> Cada día era una oportunidad de reforzar nuestro compromiso común. Pero, por encima de todo, cada momento se convirtió en un momento de celebración, de felicidad. Donde otros veían un escenario amenazador y disfuncional, nosotros veíamos juego y apasionante trabajo. A base de miles de pequeños pasos, le enseñamos a hablar, interactuar y dominar habilidades que otros niños aprendían fácilmente por su cuenta.

Tras tres años de trabajo constante, siete días a la semana, los Kaufman convirtieron a ese niño mudo, disfuncional, con un coeficiente intelectual de 30 (retardo severo) en una personita parlanchina y jovial con un coeficiente de 130 (casi superdotado).

Más tarde, el matrimonio Kaufman adoptó a dos niños extranjeros con problemas cognitivos y posteriormente crearon una clínica de tratamiento del autismo. De hecho, dedicarían el resto de su vida, hasta el día de hoy, a esta especialidad.

La psicología racional nos enseña que todos podemos ser como los Kaufman frente a las grandes adversidades: ¡porque seguro que llegarán! aunque sea a los 90 años en forma de enfermedad incurable. **Las personas más fuertes y felices no se asustan ante esas circunstancias porque saben que las convertirán en oportunidades de hacer algo hermoso.**

En los últimos años, he dado muchos cursos sobre «cómo afrontar enfermedades graves o crónicas» para médicos y enfermeras que trabajan en unidades de diabéticos, oncología, etc., y muchas veces les hablo de la familia Kaufman. De ellos y de Lance Armstrong, como haré a continuación.

Si estudiamos qué mecanismos mentales han empleado las personas que afrontan de forma excepcional las grandes enfermedades —o cualquier adversidad—, veremos que siguen tres pasos:

1. Aceptación alegre.
2. Sana competición.
3. Perder el miedo a la muerte.

Cuando te veas ante una gran adversidad —y seguro que lo harás—, síguelos.

La guerrera cabreada

En una ocasión, me hallaba impartiendo una conferencia en Madrid y, al final de la misma, una joven de unos 30 años se acercó para decirme:

—Rafael, me ha encantado lo que has dicho hoy. Yo he tenido un ictus y he perdido mucha movilidad, pero estoy haciendo lo que tú dices: ¡voy a luchar para ponerme lo mejor posible!

Nada más oír la palabra «luchar», torcí el gesto porque es una palabra que no me gusta en absoluto. Así que le dije:

—¿Luchar? ¿Por qué «luchar»?

—¡Pues porque no pienso darme por vencida! ¡Tengo que ser positiva! —replicó visiblemente alterada.

Existen dos tipos básicos de aceptación: lo que yo llamo la «aceptación alegre» y la «aceptación sombría» y, por supuesto, también la «no aceptación». Aquella chica estaba entre las dos últimas fases: «no aceptación» y «aceptación sombría»; no es ésa la actitud que nos enseña la psicología racional.

Para empezar, hemos de revisar el principio fundamental de la terapia cognitiva: «necesitamos muy poco para estar bien»: sólo la comida y la bebida del día. **No necesitamos pareja, comodidades y tampoco salud completa.** Para los que comprenden esto con profundidad, se abre un mundo de fortaleza y alegría, apreciación de las cosas pequeñas y armonía. Puede parecer paradójico, pero sólo ante esta evidencia podremos ser personas fuertes y serenas.

Aquella joven de la conferencia no había podido entender que no necesitaba la movilidad perdida para ser muy feliz. Primero, tenía que darse cuenta de ello y, después, sólo después, podría relajarse por fin, disfrutar de la vida, celebrar que estaba viva y, cómo no, trabajar por mejorar su movilidad. Pero fijémonos: «trabajar»... no «luchar».

«Trabajar» es una palabra positiva. «Luchar», negativa. «Trabajar» alude a divertirse, hacer cosas hermosas. «Luchar» implica obligarse, sufrir, presionarse. Esto último no es lo que queremos porque «luchando» lo pasaremos mal y rendiremos muy poco: nos agotaremos hasta acabar con nuestra salud mental. Trabajando con ilusión la vida seguirá siendo hermosa y los resultados de nuestro esfuerzo, mucho mejores.

Esto es «aceptación positiva» frente a «aceptación sombría». Ésta es la que tenemos que buscar.

La competición ✳

Sé que el ciclista Lance Armstrong no es santo de devoción de muchos tras el asunto del dopaje que cometió durante su carrera, pero mira por dónde, pese a todo, yo lo voy a poner como modelo en este libro: no por sus éxitos deportivos, claro, pero sí por su modélica actitud frente a la enfermedad.

A Lance Armstrong se le diagnosticó un cáncer en 1992, con 22 años de edad. En aquel momento, empezaba a despuntar en el mundo del ciclismo profesional. Como él mismo explica en su libro, *Mi vuelta a la vida*, al conocer la noticia, experimentó el típico terremoto emocional:

Un día, justamente el 2 de octubre, salí de casa animado como siempre para hacerme unos análisis médicos y, cuando volví, era otro: un enfermo grave de cáncer.

Durante semanas había notado una gran inflamación en la ingle, pero estaba seguro de que era cosa de montar en bicicleta. Los ciclistas estamos acostumbrados a ignorar el dolor, pero comencé a vomitar sangre y a tener pérdidas de visión y migrañas. Eso era demasiado, así que acudí al médico.

Para empezar, me diagnosticaron un cáncer en el testículo y, poco después, por si eso me parecía poco, una docena de tumores en los pulmones y en el cerebro. Y todos del tamaño de pelotas de golf.

Ésa fue la entrada de Lance Armstrong en el mundo de la enfermedad. Los médicos le daban pocas posibilidades de supervivencia, como máximo, un 40 %, y para optar a ellas tenía que someterse a varias operaciones de máximo riesgo y diversos ciclos de quimioterapia.

En su libro describe su experiencia a partir de las cicatrices que tiene en el cuerpo:

A la altura del corazón tengo una cicatriz del catéter que llevé los tres meses en los que recibí quimioterapia. Otra cicatriz, recuerdo de la cirugía, secciona uno de mis testículos y asciende por la ingle hasta la cadera. Pero la palma se la llevan las dos medias lunas de mi cuero cabelludo, recuerdo del paso del bisturí por mi cerebro.

Ante este panorama, Armstrong se reveló como un campeón frente a la enfermedad y todos podemos aprender a adoptar su actitud. Por supuesto que tuvo momentos de miedo, y alguno de desesperación, pero en conjunto se mantuvo muy fuerte y positivo durante todo el proceso. Él, que era un competidor nato, se dijo a sí mismo que aquélla era una carrera más. Iba a competir para convertirse en el mejor enfermo de cáncer de Estados Unidos; o, ¿por qué no?, del mundo.

Sus objetivos inmediatos fueron los siguientes:

- Conseguir los mejores médicos a su alcance, que le diesen la máxima confianza posible.
- Ajustarse al máximo a sus prescripciones.
- Apoyar el tratamiento con ejercicio: estar en forma iba a ayudar al proceso.
- Seguir indicaciones dietéticas, de medicina alternativa y de todo aquello que pudiese contribuir a su cura.
- Crear un foro en el que intercambiar apoyo con otros enfermos (su Fundación Livestrong, que luego se haría famosa por sus pulseras amarillas).

Su objetivo global era, por supuesto, curarse. Si ganaba esa carrera, iba a recibir el trofeo más grande de su vida. Si perdía, bueno... una vez muerto, ya no hay más preocupaciones.

Como él mismo dice en *Mi vuelta a la vida*:

> Me he pasado la vida compitiendo sobre una bicicleta y, cuando me comunicaron que tenía cáncer, decidí ponerme en marcha a tope. Le dije al cáncer: «Te has equivocado de persona. Al elegir un cuerpo para vivir en él, cometiste un error porque seleccionaste el mío».

El mismo Armstrong relata cómo practicó, una y otra vez, una especie de ejercicio de mentalización para sobrellevar cada molestia física del tratamiento.

> Mis sesiones de quimioterapia eran muy severas porque yo no sólo tenía un cáncer, tenía tumores en decenas de lugares. Después de una de esas sesiones, podía pasarme un día entero en posición fetal vomitando las veinticuatro horas. Pero entonces, me decía: «Esto es precisamente la cura. ¡Estoy hecho polvo porque le estamos dando caña al cáncer!».

A la que podía, una vez las molestias habían remitido un poco, Armstrong hacía sus ejercicios, seguía una dieta nutritiva especial y construía su red social de apoyo Livestrong. ¡Eso era competir!

Lance Armstrong declaró más tarde en una entrevista:

> Sí, gané esa carrera, pero si hubiese perdido, me habría sentido satisfecho de haber competido como un campeón. En el cielo o donde sea, me hubiese dicho: «Muy bien, Lance; ¡ha sido una carrera preciosa!».

Como todo el mundo sabe, Lance Armstrong se curó por completo y después de eso, ganó siete *tours* seguidos (de 1997 a 2005), una hazaña que nadie ha conseguido jamás. Es cierto que empleó el dopaje para ganarlos, y merece las sanciones que le impusieron, pero todos los seres humanos tenemos zonas brillantes y otras oscuras. Yo admiro al Lance Armstrong que compitió contra el cáncer: su ejemplo sigue siendo fantástico.

Uno de los métodos más importantes que tenemos los psicólogos para investigar cuáles son las estrategias mentales que nos hacen fuertes es fijarnos precisamente en las personas fuertes: ¿cómo piensan?, ¿qué se dicen cuando les suceden las adversidades?

Yo llevo mucho tiempo interrogando a aquellos que han sufrido grandes enfermedades con plena entereza y todos han activado ese espíritu competidor de Lance Armstrong: se alían con los médicos, les facilitan el trabajo, les apoyan al máximo y se proponen algo así como ser «los mejores enfermos del mundo».

Brindad por mí en mi última fiesta

Pero para afrontar una gran adversidad (relacionada con la salud) con aceptación alegre y sana competición es necesario perderle el miedo a la muerte. Ese paso previo es fundamental porque, de lo contrario, un insidioso temor de fondo no nos dejaría ser felices.

En el capítulo 15 de este libro, hablaremos de ese importante tema. Aquí podemos sólo avanzar que la muerte es la hermana gemela de la vida: buena y hermosa. Yo no le tengo ningún miedo. El día que suceda, mis amigos y familiares deben brindar a mi salud bajo el siguiente lema: «Rafael tuvo una buena vida. Brindemos por ella. Y sigamos su recomendación: vivamos con pasión lo que nos queda de la nuestra porque pronto le seguiremos los pasos».

Ese día no habrá entierro. Yo he donado mi cuerpo al Hospital Clínic, al lado de mi consulta de Barcelona, donde trabajan buenos amigos míos. Les he pedido que dediquen mis restos a las lecciones de anatomía de los muchachos de primero de medicina. Desde estas líneas, un saludo avanzado en el tiempo para todos ellos.

En este capítulo hemos aprendido que:

- Todo lo que sucede —lo malo también— ofrece oportunidades para hacer algo hermoso.
- No necesitamos ni comodidad ni salud completa para tener una vida vibrante.
- Muchas personas con una enfermedad grave han seguido disfrutando de la vida. ¡Es posible!
- Ante una enfermedad, podemos decirnos: «Voy a ser el mejor enfermo del mundo».

BAJARSE
de la
ANSIEDAD

Bajarse de la ansiedad

> No hay mayor pérdida de tiempo que
> desperdiciar una vida corriendo.
>
> CARL HONORÉ

En una ocasión, vino a verme un paciente llamado Leo, un joven de 30 años con un trabajo apasionante. Hacía documentales para la televisión. Y le encantaba el deporte. Iba a las montañas, durante semanas en invierno, a esquiar fuera de pista, como un auténtico aventurero. Era un chico estupendo y talentoso, con muchos amigos y una novia fantástica.

Pero Leo tenía lo que los psicólogos llamamos ansiedad generalizada. Vivía casi constantemente en tensión. Una ansiedad flotante le acompañaba a todas partes. Era una especie de aceleración nerviosa que le agotaba. Se le notaba mucho en las conversaciones: comenzaba bien, pero al poco tiempo la ansiedad iba creciendo y terminaba hablando demasiado, de forma nerviosa, alzando la voz. Me lo describía así:

—La mayor parte de los días estoy como si me hubiese tomado una anfetamina. Es extenuante.

En ocasiones, no se podía concentrar ni para el leer el periódico o un libro. Entonces, no tenía más remedio que tomarse un tranquilizante. Últimamente, también estaba tomando alcohol para apaciguarse y poder dormir.

Recuerdo que durante la primera sesión, me dijo:

—¿Por qué me pasa esto? No estoy estresado. ¡Mi vida va bien! Rafael, necesito ayuda porque estoy harto de estar así y más aún de los ansiolíticos.

Muchísimas personas tienen este problema. Según los últimos datos fiables, la incidencia en España es del 7 %. Casi una de cada diez personas.

La ansiedad generalizada es uno de los trastornos más difíciles para los psicólogos porque se trata de una tensión que no va asociada a ningún objeto definido. La persona que lo padece, muchas veces, se levanta por la mañana con esa sensación de aceleración. O también puede aparecer espontáneamente en cualquier momento del día e ir creciendo a medida que transcurre la jornada.

Por supuesto, hay cosas que la agravan o la despiertan, como los problemas o la fatiga del trabajo, pero como me dicen los pacientes: «Es como si el gatillo del estrés hubiese cedido y lo que antes no me estresaba, ahora sí lo hace».

Yo he tratado este problema cientos de veces y puedo afirmar que, con la perseverancia adecuada, el problema va remitiendo hasta desaparecer. Ha pasado bastante tiempo desde que traté a Leo, y de vez en cuando acude a mis conferencias: da gusto verlo sano y relajado, en plena forma física y mental. Como él mismo dice, ahora puede disfrutar de sus deportes, de su vida social, y rendir plenamente en el trabajo.

El tratamiento de la ansiedad generalizada sigue dos líneas:

- Aprender a no terribilizar sobre situaciones cotidianas: perder un tren, entregar una tarea a tiempo, ser puntual, hacer las cosas bien en el trabajo.
- Desacelerar para apreciar el entorno y disfrutar dulcemente, en cada momento, de lo que tenemos entre manos.

Sobre el primer punto, hemos hablado ya a lo largo de este libro. En este capítulo, vamos a concentrarnos en lo segundo, en **cómo ralentizar nuestra vida para hacerla dulce y placentera**. De cómo recuperar el sosiego interior necesario para poder disfrutar de la vida.

Ralentizar y disfrutar

En una ocasión hice un maravilloso viaje por el sur de Alemania con tres buenos amigos. Íbamos en coche y la idea era visitar los pequeños pueblos de la campiña de Baviera. Teníamos dos consignas: no pisar ciudades y, a petición de mi amigo José, aficionado a la filosofía zen, **hacerlo todo más despacio de lo habitual**.

—Pero ¿qué quieres decir con hacerlo todo más lentamente? —le pregunté.

—Si normalmente paseamos por la calle a 5 km por hora, hagámoslo nosotros a la mitad; al conducir, vayamos pausadamente por estas fantásticas carreteras de campo; comamos despacio, saboreando la comida y, sobre todo, si no tenemos tiempo de ver todo lo que sale en la guía, no pasa nada. ¡Abajo el estrés!

Todos accedimos entre divertidos y curiosos, y creo que, a resultas de esa nueva actitud, disfrutamos enormemente del viaje. Debía de ser un tanto extraño ver a cuatro personas funcionando a cámara lenta. El simple hecho de hacer las cosas despacio nos introdujo en un estado mental que nos permitió estar más relajados, más atentos a lo que pasaba ante nuestros ojos y apreciar los detalles. Es algo que le recomiendo a todo el mundo. Una experiencia instructiva y placentera.

El experimento de José en Baviera nos sirve de introducción al siguiente punto: cómo adquirir el ritmo mental adecuado para que nuestro sistema nervioso se asiente. Los consejos que veremos a continuación pueden parecer banales, pero realmente son la solución. Eso sí: hay que tomárselo en serio; hay que disciplinarse para conseguirlo.

A continuación veremos que para sosegar unos nervios crónicamente excitados, tenemos que aplicar las siguientes medidas:

> - Ralentizar: detenerse de forma metódica —¡por prescripción médica!— para apreciar la belleza en nuestro entorno.
> - Disfrutar: conjurarse con uno mismo para realizar todas las tareas de la vida disfrutando.

Movimiento *slow*

Hace algunos años, leí en el periódico un artículo sobre el fundador de la filosofía *slow* («lentitud», en inglés). El italiano Carlo Petrini había creado una asociación de personas que proponían hacerlo todo —no sólo las vacaciones— más despacio. Ralentizar todas las actividades de la vida: comer, andar... y sí, también al trabajar. La idea de los seguidores del *slow* es priorizar, **escoger cuidadosamente las actividades que hay que llevar a cabo, y realizarlas bien, disfrutándolas**. Calidad en vez de cantidad. Renunciar a mucho para quedarse con poco y bueno.

El movimiento de Carlo Petrini alcanzó la fama en la década de 2000, pero el primer grupo lo creó en 1986, cuando era un joven de treinta y tantos años. Hoy en día, el movimiento *slow* lo conforman más de un millón de personas en todo el mundo.

A Carlo, natural de Bra, una pequeña ciudad del Piamonte, le encantaba organizar jornadas gastronómicas con sus amigos. Un par de domingos al mes, acudían a una trattoria de las montañas a probar las delicias de la *mamma* a cargo del local. Después, escribían una reseña para el periódico local. (Las auténticas trattorias son granjas donde la familia de agricultores se sacan un sobresueldo sirviendo la comida típica de la zona con productos ecológicos.)

Las veladas organizadas por aquel joven de pelo rizado, siempre despeinado, eran legendarias entre sus amigos porque duraban horas y horas. Los niños jugaban en los campos verdes mientras los padres debatían de política y ópera como sólo los italianos saben hacer.

Pero en esos primeros años de la década de los ochenta, esas casas de comida rural ya estaban empezando a desaparecer. Para empezar, hubo un cambio generacional y los hijos de las *mammas* no se interesaban ya ni por la granja ni por el exiguo negocio de la restauración a tan pequeña escala.

Al mismo tiempo, el Prozac empezó a arrasar en las farmacias italianas. ¿Había alguna conexión entre estos dos fenómenos dispares? Carlo y sus amigos creían que sí y redactaron el siguiente manifiesto:

En contra de la locura universal de la vida acelerada, defendemos la superioridad del placer tranquilo. Frente a los paladines de la eficiencia y el frenesí, proponemos la vacuna del placer sensual, del goce y el disfrute prolongado y lento. Buscaremos una nueva conexión con la naturaleza, con los productos naturales: placer, hedonismo, convivencia, tranquilidad, amistad, reflexión, amor...

En la actualidad, el movimiento se ha ido extendiendo a muchos países y a muchas actividades humanas. Existe el *slow food*, el club de los que abogan por los restaurantes de calidad, donde puedes estar tanto tiempo como quieras compartiendo la sobremesa con los amigos. También están las *slow cities*, ciudades que invierten en los carriles para bicicletas, las calles peatonales y los parques. Y el *slow sex*, personas que investigan sobre cómo hacer sublime la actividad sexual: practican tantra y se convierten en multiorgásmicos, tanto hombres como mujeres. Y, cómo no, se adhieren a la idea de que más vale una sesión intensa y satisfactoria que cientos de encuentros mediocres.

El típico seguidor de la filosofía *slow* es una persona de entre 30 y 50 años que añora la calma, la belleza y el goce de las pequeñas cosas tal y como se podía vivir en un pueblo o una pequeña ciudad europea antes de la Segunda Guerra Mundial.

Mente *slow*

No conozco a Carlo Petrini, que ahora tiene unos 60 años y sigue muy activo en el movimiento *slow*, pero si me encontrara con él, le diría que ahora necesitamos, más que nunca, mentes *slow*. Y las personas con ansiedad generalizada son las primeras en requerirlo.

Y es que, en la actualidad, **vamos demasiado aprisa**. No nos damos cuenta y ya estamos corriendo por la calle. Parecemos practicantes de marcha atlética. Y en muchos casos ni siquiera tenemos una prisa real por llegar a nuestro destino. Simplemente, vamos acelerados.

En los comercios, queremos que nos atiendan velozmente para no perder tiempo. ¡Venga, venga!

En el supermercado: ¡¿Qué pasa con esa cola?! ¡Habrase visto! ¡Que abran otra caja!

Fijémonos, por el contrario, en cuál es el **ritmo natural del ser humano**. Lo encontraremos en cualquier pueblo pequeño. Las personas caminan a la mitad de velocidad, charlan tranquilamente en las tiendas, todos sus gestos están ralentizados. Cuando pasamos unas horas allí, se nos contagia ese ritmo y sólo eso ya es muy sanador para nuestra torturada mente.

Y es que la velocidad frenética a la que vamos pasa su debida factura a nuestro sistema nervioso.

Mi recomendación a las personas con ansiedad generalizada es que detengan su actividad, a lo largo de su jornada, aproximadamente a cada hora, para dar un paseo corto, escuchar música, comer o beber algo y contemplar la belleza de su entorno.

Esta detención del tiempo es básica para devolvernos la cordura. Por lo tanto, no se trata sólo de una recomendación. Para las personas con ansiedad generalizada es casi un mandato. Si lo cumplen, verán cómo la agitación disminuye paulatinamente en sus vidas.

Un Stradivarius en el metro

El 12 de enero de 2007, el periódico estadounidense *The Washington Post* llevó a cabo un inédito experimento cultural. Le pidió a Joshua Bell, uno de los mejores violinistas del mundo, que tocase en el metro haciéndose pasar por músico callejero. Tenía que tocar durante 45 minutos algunas de las mejores piezas de la historia, obras escogidas de Bach y Schubert. El periódico quería grabar las reacciones de la gente. Se trataba de tenerlo allí, durante la hora punta de la mañana, y contabilizar cuántas personas se detenían, cuántas le daban algo de dinero y cuántas le ignoraban por completo.

Joshua Bell contribuyó al experimento llevándose al metro el instrumento más preciado del mundo: un Stradivarius de su propiedad construido en 1731 que costó 3,5 millones de dólares.

Como parte del experimento, se preguntó a un experto en música clásica, el director de orquesta Leonard Slatkin, cuál iba a ser, en su opinión, la reacción de la gente. Slatkin dijo:

—Yo creo que aunque no lo reconozcan físicamente, es imposible no notar que se trata de un genio. Seguro que en Europa tendría más audiencia, pero aquí en Washington yo diría que si pasan 1.000 personas por ese lugar, como mínimo unas 75 se pararán a escucharle y unas 40 reconocerán la enorme calidad de la música.

—¿Y cuánto dinero conseguirá? —le preguntaron.

—Unos 150 dólares.

A las 8 de la mañana de aquel viernes 12 de enero, Joshua Bell salió de su hotel y tomó un taxi para hacer las pocas manzanas que le separaban de la céntrica estación L'Enfant Plaza de Washington. Es un trayecto muy corto, pero siempre que lleva su Stradivarius, toma el máximo de precauciones. Una vez allí, sacó el instrumento y vestido con tejanos y una gorra de béisbol, se dispuso a tocar seis piezas clásicas durante 43 minutos. Joshua había tocado tres días antes en un gran concierto en la Biblioteca del Congreso de Estados Unidos, a 100 euros la entrada más barata.

La sonoridad del vestíbulo de la estación resultó sorprendentemente buena y, como comprobarán todos los que escuchen la música en internet, el espectáculo musical fue sencillamente maravilloso. (Se puede encontrar el vídeo del experimento en YouTube bajo el título *Stop and Hear the Music.*)

El resultado de la prueba fue el siguiente: de las 1.070 personas que pasaron por delante de Bell durante el tiempo que duró el concierto, sólo 7 se detuvieron a escuchar, y la mayoría de ellas durante menos de un minuto. Un total de 27 personas que pasaron rápido echaron algo de dinero al sombrero, casi todos sólo unos pocos centavos. Es conmovedor cuando, al final de la prueba, sólo una joven le reconoce y le dice emocionada:

—Le vi en el concierto de la Biblioteca del Congreso. Fue fantástico. Dios mío: esto sólo puede ocurrir en Washington.

Después del experimento, los periodistas del *Washington Post* se sentaron a reflexionar y se preguntaron asombrados:

¿Es que ya no tenemos tiempo para la belleza? ¿No apreciamos la hermosura cuando pasa por delante de nosotros?

Existe una medida de la cordura del hombre casi infalible y es su capacidad para gozar de lo bello. Cuando estamos estresados perdemos esa capacidad: ya no nos fijamos en la armonía de los colores del parque, en el azul intenso del mediodía o en la belleza del rostro de una persona joven.

En la película *El silencio de los corderos*, el psicópata antropófago Hannibal Lecter es capaz de matar mientras disfruta de las notas de exquisita música clásica. Pero eso es pura ficción. Los psicópatas no gozan de la música. Al contrario, los sádicos experimentan una gran dificultad para experimentar el goce de lo hermoso. Y es que **se puede decir que una de las puertas hacia la felicidad es potenciar nuestra capacidad de disfrutar de la belleza**. Y, todavía mejor, de generar belleza.

Los árboles en Barcelona

Hoy en día, mucha gente realiza meditación budista de forma regular. Se levanta a las 7 de la mañana para sentarse sobre una estera y, con incienso en el ambiente, centran la atención en la respiración. O visualizan amor para con los suyos y para con el mundo.

Los meditadores afirman que esa práctica les renueva, les **fortalece la mente** y les pone en la senda de lo constructivo para el resto del día.

En mi consulta enseñamos a realizar ejercicios parecidos, pero basados en apreciar la belleza de nuestro entorno. La meditación que hacen mis pacientes consiste en un paseo por su barrio, con un MP3 con su música favorita, con la intención de disfrutar del sol, del colorido de los árboles, del aire fresco...

A los pacientes con ansiedad generalizada les indicamos que practiquen esas meditaciones cada hora.

Yo mismo practico, desde hace años, esta forma de meditación con la intención de ralentizar mi mente. Se trata de un ratito de poesía que me sosiega y fija mis prioridades en lo importante: **la hermosura del mundo**.

Yo tengo la suerte de trabajar y vivir en una zona muy bella de Barcelona, y frecuentemente paseo por allí. Introducirme por esas calles es como navegar por canales llenos de verdor, por una Venecia de árboles cargados de hojas centelleantes. Las calles de mi barrio, el Eixample, están llenas de grandes árboles. Hay nada menos que 22.000. Uno de mis favoritos es el tilo, enorme con sus impresionantes treinta metros de altura que se abre en lo alto en un tupido bosque de ramas. Sus hojas son, por el anverso, verde oscuro y, por el reverso, verde claro brillante y refulgen rebotando la luz del sol.

Las fachadas de mi barrio fueron diseñadas por arquitectos que aún conservaban el juicio y las hicieron bellas, además de funcionales. Están llenas de detalles elegantes, ventanales redondeados, muros con dibujos geométricos, balcones de hierro forjado, grandes puertas de madera noble.

Contemplar toda esa belleza acumulada me sintoniza con una parte de mi cerebro que parece conectada con todas las formas del universo. **Apreciar lo hermoso me impulsa a generar esa misma belleza en todo lo que hago.** Cuando sintonizo con mi entorno, suena un Stradivarius en mi cabeza y me uno, imaginariamente, al joven Carlo Pretini en sus comidas lentas del Piamonte.

Magdalenas sagradas

El siguiente paso para conseguir asentar unos nervios sobreexcitados es **comprometerse en el goce**. En todo. ¡Basta de hacer las cosas mecánicamente! ¡Basta con cumplir o despachar! Dentro de poco estaremos muertos y este milagro que es la vida desaparecerá de nuestra vista. Miremos por la ventana ahora mismo: esa luz de ahí fuera no la volveremos a ver. ¡Éste es el momento de disfrutar!

Edward Brown es un carismático monje budista que vive en un monasterio en California. Es un tipo de unos 50 años, muy simpático, que viste camisetas modernas que se curvan sobre su oronda barriga. Imparte cursos de zen a los que acuden personas de todo el mundo.

Edward, además de monje, es el cocinero jefe del monasterio, un increíble chef de cocina natural. Pero lo que le ha hecho famoso son sus cursos de budismo culinario.

En el documental *Cómo cocinar tu vida*, la genial cineasta alemana Doris Dörrie inmortalizó a Edward enseñando zen a través de los fogones. Unos veinte alumnos de todas las edades siguieron uno de sus cursos de una semana de duración, como pinches de cocina con ansias de iluminación. Y es que haciendo magdalenas o un pudin de manzana se puede aprender a apreciar la vida.

En sus cursos, Edward dice frases como: «Cuando cocinas, no sólo estás cocinando, no sólo estás trabajando en la comida. También estás trabajando en ti mismo y en los demás», «Trata a los alimentos como si fuesen tus ojos, porque son tan valiosos como la vida misma».

Es fantástico ver cocinar a este monje moderno. Conoce

cincuenta formas de hacer pan y prepara la masa con esmero infinito. En otro momento del documental, pregunta: «¿Piensas que la comida es algo precioso para ti? Porque, de lo contrario, no pensarás que tú eres precioso para ti mismo».

«Comprometerse en disfrutar» con lo que tenemos entre manos es el segundo ejercicio que empleamos para aplacar la mente de la persona perennemente ansiosa. **Se trata de empezar cada mañana el día con la decidida intención de sacarle partido a nuestra vida.**

Ya vimos en un capítulo anterior que una de las peores trampas en las que cae la mente humana es la del «mono loco»: creer que en determinado escenario futuro estaremos por fin felices y plenos. Ése es el núcleo de la neurosis. La salud, sin embargo, está en lo contrario: en aprender a verse feliz con lo que se posee, donde sea que uno habite, ya sea en Barcelona o en Alaska.

Insistamos: ya lo tenemos todo para disfrutar de la vida si la sabemos apreciar, mimar y sacarle todo su partido.

Sé por experiencia personal que cuando estamos anímicamente mal, a nuestra mente este ejercicio le parece disonante, pero si insistimos un poquito más, no tardará en sosegarse y abrir la espita del disfrute.

Una vez lograda esa actitud, podremos ir a donde deseemos, a Tierra del Fuego o a Shangai, con la seguridad interior de que la felicidad está dentro de nosotros, no en el exterior.

Para llevar a cabo este ejercicio, pedimos a los pacientes que todas las mañanas, antes o después de desayunar, repasen mentalmente su día, sus tareas y momentos de ocio y se propongan sacarles el máximo partido posible. Se pueden preguntar:

- Mis tareas de hoy, ¿las puedo realizar con cariño y atención de manera que disfrute del proceso como nunca antes? ¡Claro que sí!
- ¿Me comprometo a buscar la pasión en mis relaciones personales para hacer de cada una de ellas algo hermoso y vibrante? ¡Por supuesto!
- Cada uno de mis actos: comer, vestirme, ordenar o limpiar... ¿puedo convertirlos en sagrados, como las magdalenas de Edward, el cocinero zen? ¡Sí puedo y eso será uno de los pilares de mi transformación!

A menudo buscamos las emociones en alucinantes escaladas al Himalaya, en intrépidos viajes a tierras exóticas... cuando **nuestra vida cotidiana está llena de oportunidades de experimentar aventuras maravillosas, profundas e inspiradoras**: resolver un problema familiar de una forma ejemplar, incrementar el amor en una relación, trabajar para crear y recrearse a cada minuto.

El popular libro de espiritualidad moderna, *El poder del ahora*, de Eckhart Tolle, explica muy bien este fenómeno. También lo hacen algunos famosos psicólogos universitarios como los estadounidenses Mihály Csíkszentmihályi o Martin Seligman. En todo caso, se trata de una práctica que merece mucha perseverancia.

No vale con inspirarse leyendo un libro durante unas semanas o esforzarse un par de días a ver qué tal: se trata de un cambio de paradigma crucial que nos costará adoptar quizá meses (o años, contando con alguna recaída). Pero, por supuesto, vale la pena: el premio es recuperar la cordura, la fortaleza y la sensibilidad hacia la belleza de la vida.

Para terminar con este capítulo, me gustaría mencionar una pequeña anécdota. Hace poco, paseando por mi barrio, vi una placa frente a un árbol centenario. En el suelo, un extracto de un poema dedicado a ese maravilloso ser vivo. Fue escrito por Jacint Verdaguer, uno de los grandes literatos catalanes. Se halla en el paseo de Gracia con la Diagonal, frente al Palau Robert.

«Almogàver indòmit, ja sabràs posar-te de filera amb aqueixa tropa de plàtanos, novella, polida, endiumenjada i fatxendera?»

A l'alzina del Passeig de Gràcia, 1903*

* Almogàvar indómito, ¿ya sabrás ponerte en fila con esa tropa de plátanos, joven, acicalada, endomingada y elegante? «A la encina del Paseo de Gracia», 1903

En este capítulo hemos aprendido que:

- Para amansar unos nervios excitados se requiere adquirir dos nuevos hábitos: ralentizar y disfrutar de lo que se hace.
- Si nos tomamos en serio esta nueva dinámica y perseveramos en ella, la ansiedad flotante va desapareciendo paulatinamente.
- Primer ejercicio: hacer una pausa a cada hora para pasear, comer, beber y disfrutar de la belleza del entorno. El objetivo es detener la aceleración a la que tiende nuestra mente.
- Segundo ejercicio: comprometerse todos los días a prestar atención a lo que hacemos y realizarlo en clave de goce.

SIN MIEDO A LAS RESPONSA-BILIDADES

Sin miedo a las responsabilidades

Mientras caminaba por unas montañas solitarias, el sabio Nasrudín descubrió una piedra preciosa. «¡Qué suerte!», pensó, y decidió que la vendería en el mercado de su ciudad. Con su valor, podría comprarse una gran casa con terreno y corrales para el ganado. Con esos pensamientos, la metió en su bolsa de viaje.

Al día siguiente, se topó con otro viajero. Se trataba de un hombre pobre, que vagaba por el mundo sin esperanza. Sin pensarlo, Nasrudín abrió el bolso para compartir sus alimentos con él.

Tras recuperar las fuerzas, dijo el viajero:

—Señor, he visto un gran brillo en el interior de vuestra bolsa. ¿Qué lleváis ahí dentro?

—Es una piedra preciosa que encontré ayer en las montañas —respondió el sabio—. Con ella, compraré una hermosa morada.

—¡Qué buena suerte! Nunca seré yo tan afortunado.

Nasrudín se rascó la cabeza y en uno de sus típicos gestos de generosidad, sacó la piedra y se la ofreció al viajero.

—¡No me lo puedo creer! Sois el mejor hombre que he conocido nunca —gritó emocionado el pobre.

El viajero reanudó su ruta, feliz con su nueva fortuna, y Nasrudín puso rumbo a su ciudad, ya a sólo un día de camino.

Pero al cabo de unas horas, nuestro sabio oyó gritos a su espalda. Era el viajero de nuevo, acalorado y lleno de excitación:

—Señor, he estado pensando acerca del valor de esta piedra y quiero devolvérosla. Lo hago con la esperanza de que me deis a cambio algo que poseéis y que es mucho más valioso.

Nasrudín lo miró sorprendido y expectante.

El pobre continuó diciendo:

—Quiero que me deis eso que os permitió regalarme esta piedra preciosa sin dudarlo un instante.

En este capítulo vamos a aprender a adquirir la actitud de Nasrudín ante los bienes materiales: **¿podemos disfrutar de lo que poseemos sabiendo que no lo necesitamos?** Ésta es la única forma de estar en el mundo manteniendo la salud mental.

El término **«economofobia»** no existe todavía, pero quizá alguna asociación de psicólogos lo incluya en una relación de enfermedades psicológicas algún día. Felipe vino a verme porque se estresaba especialmente cuando tenía que lidiar con Hacienda o cuando tenía que tomar una decisión financiera relativa a su empresa.

La confección de la declaración de la renta le ponía de los nervios, y eso que se la hacía un gestor. Si tenía que decidir una inversión le invadía el estrés. En general, el negocio iba bien y lo disfrutaba pero, a cada poco, surgía una nueva decisión económica que le ponía malo.

Felipe era un empresario de éxito, no obstante. Tenía una cadena de tiendas por toda España y ganaba mucho dinero. Pero a él le iba la parte del concepto del negocio, el marketing, en cambio odiaba el papeleo y los cálculos. Esto último podía con él. En los períodos de «neura», la tensión era tal que deseaba dejarlo todo, abandonar su empresa.

Aquí se combinaba un temor irracional con una incapacidad suya real. Felipe era realmente malo para la organización y para los números, pero nunca se había puesto las pilas para aprender a hacer esas tareas por el temor a ellas.

Muchas veces los miedos se retroalimentan:

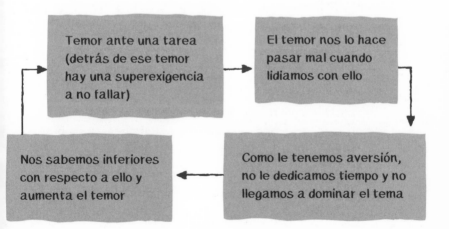

En cuanto empezó la terapia, le dije:

—Felipe, yo antes me estresaba con el trabajo y ahora no, ¿quieres saber el truco?

—¡Por favor!

—Cada mañana, cuando voy en bicicleta a mi despacho, me pregunto a mí mismo: ¿necesito ser psicólogo? Y mi respuesta es «No». Haciendo cualquier otra cosa podría ser feliz: ¡vendiendo naranjas, por ejemplo! Gracias a este **ejercicio de renuncia mental**, puedo encarar mi jornada con ánimo de disfrute.

Estuvimos hablando de ello y le di a Felipe deberes de renuncia mental en lo relativo a su empresa y a todo lo económico. Tenía que imaginarse dejando su empresa y siendo muy feliz. Vimos que había muchas ocupaciones alternativas que, además, hasta podían convertir su vida en algo mucho más gratificante de lo que había sido hasta entonces. Por lo tanto, ¡no necesitaba su empresa! ¡Podía quitarse la presión de que tuviese que ir bien!

Para ahondar en su nueva filosofía racional, en sucesivas sesiones apelamos a la «técnica del peor escenario».

—¿Qué sucedería si, por ejemplo, los trámites de Hacienda los hicieses siempre mal? —le pregunté.

—¿Qué quieres decir? Eso es casi imposible. ¡Absolutamente «todo» mal no es posible!

—Pero imagina que, por una maldición, lo tienes que hacer «todo» fatal y a base de sanciones, te arruinas, y así hasta el final de tu vida —le planteé.

—Dejaría la empresa, entonces... porque para no ganar dinero, no haría nada. Me retiraría al campo o me haría funcionario.

—Y retirado en el campo, ¿no podrías estar muy bien?

—Sí, eso ya lo hemos hablado... Pero lo que me fastidiaría es haber trabajado como un enano todo este tiempo para nada.

Y aquí es cuando le expliqué la anécdota de la ceremonia de disolución del mandala. Los monjes tibetanos llevan a cabo un ejercicio simbólico que les sirve para recordarles la actitud que deben sostener en esta vida impermanente. Realizan complicados dibujos llamados mandalas compuestos por miles de granitos de arena. Estos mosaicos representan el universo y por eso se componen de miles de elementos dispuestos en círculos concéntricos.

Pueden estar componiéndolos durante semanas o meses y, una vez acabados, los exponen tan sólo durante unas horas. Después, llevan a cabo la parte más importante del asunto: la ceremonia de disolución del mandala que consiste en levantar la estructura de madera en que se apoya y... entre melodías de cornetas y flautas... arrojar al viento toda la composición de arenilla fina.

Cuando los monjes destruyen su obra, están expresando que las cosas de la vida no son tan importantes: los logros, el estatus, la condición física, incluso la salud... no tienen la relevancia que tendemos a otorgarles. Podemos disfrutar de todos nuestros proyectos, como en un juego, pero ¿sufrir por el resultado? ¡Eso no!

Felipe me escuchó con los ojos bien abiertos y me dijo al acabar:

—Pero, Rafael... No puedo seguir trabajando pensando que podría disolverlo todo como un mandala. ¿Y el dinero? Son ahorros para la jubilación. Mi motivación en el trabajo no es el arte: es ganar dinero. ¡No puedo realizarlo pensando que lo he de tirar!

—¡Pues claro que puedes! Todos podemos. Desarrolla tu trabajo, disfruta haciéndolo y haz que los resultados sean sólo un subproducto. Lo verdaderamente importante es el presente y disfrutar de él.

En las sucesivas sesiones, Felipe fue reduciendo más y más su economofobia, imaginándose cada día lanzando al viento toda su empresa en una ceremonia de disolución del mandala.

Pero, en una de esas sesiones, me comentó un obstáculo al cambio de mentalidad que estaba experimentando:

—¿Sabes? Hay una cosa que me fastidia del ejercicio del mandala: la idea de quedar como un tonto. ¿Qué pensaría la gente si perdiese tontamente mi patrimonio?

Llegados a este punto, hablamos de la posibilidad de ser tonto. Podemos aceptarlo también. En el capítulo sobre los complejos ya estudiamos este tema. Pero aquí podemos subrayar, una vez más, que **una persona madura puede presentarse como «tonto» ante los demás, pero sabio en cuanto a cómo vivir la vida**. Es como decirse: «OK, soy idiota para los negocios, para los números, pero no para la vida... en eso soy un maestro». Si somos capaces de pensar así, nos hacemos grandes, filosóficamente hablando.

Y así, Felipe, armado con esta última herramienta para zafarse de la presión, fue alcanzando niveles de salud emocional cada vez más grandes. Al cabo de tres meses, su economofobia se había desvanecido.

Se dio cuenta de que:

a) Sólo podemos disfrutar de lo que podemos renunciar. Hoy estamos vivos, mañana muertos. El objetivo es quitarle toda la presión al trabajo imaginando la posibilidad del peor escenario: podemos perderlo todo y estar igualmente satisfechos porque hemos disfrutado del proceso.

b) Intentar evitar «ser idiota» consume una energía preciosa. Es mejor aceptar esa posibilidad sabiendo que existen otras facetas en la vida mucho más importantes que la inteligencia.

Y, por último, hubo un argumento definitivo que terminó de convencer a Felipe. La idea de que, cuando somos capaces de deshacer mentalmente cualquier mandala de nuestra vida, aumenta el disfrute por las cosas pequeñas. **Todo se vuelve más intenso porque nos damos cuenta de la transitoriedad de todo.** Por lo tanto:

c) Vivir sin apegarse nos permite adquirir una enorme apreciación por la vida. ¿Qué es mejor, esto o el dinero?

Ser un directivo *clochard*

En francés, *clochard* significa «pobre» o «vagabundo». Se trata de una expresión que se puso de moda en todo el mundo en los años setenta de la mano de la filosofía hippy. En aquella época, después del mayo del 68, muchas personas desencantadas del recién estrenado consumismo, miraron hacia el cristianismo obrero, el comunismo, o bien, el hippismo.

El cristianismo de base y el hippismo compartían su admiración por la figura del *clochard* voluntario; la persona que decide vivir sin dinero. Uno de los más famosos *clochards* de la época fue Lanza del Vasto, un cristiano italofrancés, seguidor de Gandhi, que fundó una orden laica llamada El Arca.

A los 20 años, Lanza tuvo una experiencia de *clochard* voluntario durante dos años. Vagó por París y alrededores, alojándose en casas de amigos, pidiendo a quien quisiera darle comida o ropa, a cambio de amor, religión o un poco de su música. Fue una de las épocas más hermosas de su larga vida.

La psicología cognitiva nos emplaza a ser *clochards* a nivel mental ya que todo está en la mente. ¿Podríamos comportarnos como *clochards* siendo directivos? ¡Claro que sí! Hoy estamos vivos, mañana muertos. El planeta gira hoy, mañana quizá no lo haga.

Yo he trabajado con muchos directivos que han aprendido a ser *clochards*. Trabajar sin esperar nada a cambio, por el placer de hacerlo. Trabajar para crear cosas hermosas. Abandonar el ánimo acumulador. **Poner el amor por delante del dinero o los resultados.**

Todos los directivos que han hecho este cambio conmigo han rendido mucho mejor en el medio plazo e incluso han evitado, en más de un caso, el descalabro de su empresa al dejar de regirse por la locura del mercado. Me refiero, en concreto, a dos empresarios de la construcción que en tiempos de la burbuja inmobiliaria supieron ver con claridad hacia dónde se dirigían las constructoras cegadas por la codicia. Ellos, con su actitud de *clochard* mental, tomaron decisiones cuerdas cuando los demás se lanzaban a una expansión descabezada.

Hacer un cambio así, cuando uno tiene cerca la tentación de recibir honores o ganar mucho dinero, es difícil, pero se puede hacer. Con perseverancia, se trata de negarse a estresarse, negarse a entrar «en modo de lucha» para pasar a buscar los razonamientos adecuados en cada situación. Y eso se consigue, una vez más, mediante la **renuncia mental**. No es tan difícil, es renunciar a la chatarra para quedarse con el oro. ¿No está aquí el verdadero negocio?

En este capítulo hemos aprendido que:

- Incluso las riendas de una empresa se llevan mejor con una sana actitud de desapego.
- Con esa actitud disfrutaremos del trabajo y rendiremos más y mejor.
- Los budistas componen mandalas de arena que deshacen una vez concluidos: la vida en este universo es así, transitoria.
- Para eliminar el estrés en el trabajo, también hay que aceptar la posibilidad de ser «tonto». Eso no sería impedimento para ser feliz.
- Con el sano desapego adquirimos una enorme capacidad de disfrutar de las cosas pequeñas.

-
-
-

Sin miedo al dolor

Un anciano maestro hindú, cansado de las quejas de su discípulo, le mandó una mañana a por sal. Cuando hubo regresado, le ordenó echar un puñado de sal en un vaso de agua y que se lo bebiese todo.

—¿Qué tal sabe? —le preguntó.

—¡Muy fuerte! —respondió el joven.

El maestro sonrió y, acto seguido, le dijo que echase la misma cantidad de sal en el lago. Los dos caminaron en silencio hasta allí y el joven tiró la sal en el agua. El anciano, entonces, ordenó:

—Ahora bebe agua del lago.

Y después de un largo trago, le preguntó:

—¿Qué tal sabe?

—Mucho más rica y refrescante.

—¿No notas la sal? —preguntó el maestro.

—No —respondió el discípulo.

El anciano se sentó entonces junto al joven y, con mucha ternura, le explicó:

—El dolor de esta vida es sal pura: ni más ni menos. La cantidad de dolor es la misma para todos, pero la amargura depende del recipiente donde lo metemos.

> Así que cuando experimentes dolor, lo único que tienes que hacer es ampliar tu comprensión de las cosas. Puedes dejar de ser un vaso para convertirte en un lago.

Estábamos jugando al baloncesto y, de repente, mi hermano, que jugaba en el equipo contrario, chocó contra mí. En un movimiento veloz para driblarme, su cabeza impactó contra mi cara, en concreto, contra mi nariz y ¡chas!: noté un dolor agudo. Enseguida supe que me había roto el tabique.

En cuestión de segundos, el dolor fue incrementándose vertiginosamente. La nariz sangraba y en el parquet lucía un charquito bajo mi pies. Pensé: «Mejor me siento en el suelo por si me desmayo».

Me pasaron una toalla y la oprimí contra la nariz. Como en un minuto, el dolor alcanzó su punto álgido y, a partir de ahí, fue remitiendo ligeramente. No me desmayé.

Mi hermano Jordi me acompañó a urgencias, no sólo por estar conmigo, sino porque el choque había sido tan fuerte que a él le dolía mucho la cabeza.

—Llévenos a la Clínica del Pilar, por favor —le dijo al taxista.

—¿Qué os ha pasado, chicos? —preguntó el hombre.

—Nada, que mi hermano no se porta bien y he tenido que arrearle —respondió mi hermano con una sonrisa.

Estaba de broma, claro. Y yo también. No dejamos de reír en todo el trayecto. La contusión ya prácticamente no me dolía nada.

Cuando por fin me examinaron en urgencias, el médico me dijo:

—La nariz está rota. Te voy a dar antiinflamatorios y calmantes, aunque con lo bien que lo llevas, parece que no los necesitas. Oye, pero ¿no te duele? —me preguntó extrañado.

La verdad es que a mí también me sorprendía un tanto la situación. Me dolía un poco, pero me encontraba bien, estaba alegre. Me divertía estar allí aprendiendo cómo se curaba una lesión así y, ¡qué demonios!, estaba entre personas preparadas y atentas.

Este episodio —que ocurrió hace ya unos diez años— me hizo reflexionar. ¿Cómo es que aquel día no había experimentado demasiado dolor?, ¿cómo es que estaba contento y relajado pese a todo? Tiempo atrás, había tenido otras lesiones y había sentido siempre mucho más malestar. ¿Había cambiado algo en mí o, más bien, en mi percepción del dolor?

Así es como confirmé, en mi propia piel, algo que había leído en libros sobre psicología del dolor: **éste es subjetivo y depende de la interpretación que hagamos de él**. Gracias a mi trabajo con la psicología racional había conseguido subir mi umbral del dolor.

Magia en la consulta del doctor

Hace algunos años, visité al doctor Solá, jefe del servicio de anestesiología del Hospital Juan XXIII, en Tarragona. Me había invitado a su consulta para que viera cómo la hipnosis clínica podía tratar casos de fibromialgia y dolor crónico. Me dejaron una bata blanca y me senté junto a él detrás de su escritorio repleto de informes y radiografías.

Llegó el primer paciente.

—Hola, Marisa. ¿Cómo ha ido este mes? —dijo el médico.

—¡Bastante bien, doctor! He tomado muy pocos calmantes y he hecho muchas cosas: no he parado con las actividades de mi hija. Que si acompañarla a natación cada día, al inglés... ¡Esta niña hace tantas cosas que me tiene completamente ocupada!

—De acuerdo. Pues vamos a hacer nuestros ejercicios de relajación, ¿eh? —concluyó el médico.

Por «ejercicios de relajación» el médico se refería a un trance hipnótico en toda regla. En ese momento, le pidió a la paciente que cogiese un llaverito con dos dedos y alargase el brazo en toda su extensión. Con los ojos cerrados, la mujer escuchó las siguientes palabras:

—Estás muy relajada y tranquila. Fíjate en tu respiración. A medida que hablo, irás notando que las llaves pesan cada vez más. Cada vez más.

El doctor se expresaba con un tono profundo y un ritmo lento que relajaba extraordinariamente. Yo mismo notaba el efecto de su voz en mi sistema nervioso.

En unos segundos, Marisa dejó caer el llaverito —paff— y se quedó con el brazo extendido, rígido. Estaba hipnotizada. Me fijé en su rostro: había empezado a sudar y toda la musculatura estaba suelta, relajada. Tenía un aspecto rejuvenecido, con menos arrugas. ¡Y todo ese cambio sucedió en menos de cinco minutos desde que entró por la puerta de la consulta!

Entonces, siempre con su voz lenta y profunda, el médico añadió:

—Durante las próximas semanas y meses, te vas a encontrar muy bien: libre de dolor. Vas a poder hacer vida normal: llevar a tu hija de aquí para allá, hacer las tareas de la casa, ir de compras. ¡Qué bueno es sentirse bien!

Toda la consulta duró unos diez minutos y cuando la paciente se hubo marchado, el doctor me explicó:

—Con todas las personas que verás hoy, la hipnosis es muy rápida porque ya están entrenados. Lo hemos practicado muchas veces y tienen facilidad para entrar en el trance. Y fíjate en los resultados: Marisa toma una quinta parte de la medicación con la que llegó aquí y se encuentra mucho mejor. Su calidad de vida ha mejorado enormemente.

En efecto, todos los pacientes que vi aquella mañana estaban encantados con el doctor Solá. La mayoría —si no todos— afirmaba que hacía muchos años que no se encontraban tan bien. Por fin habían recuperado su vida. La mayoría aún sentía dolor, pero de mucha menos intensidad que antes del tratamiento y, sobre todo, con menor ingesta de fármacos. Todos detestaban tomar calmantes porque les «atontaban» y «aplanaban» la existencia.

El doctor Solá practicaba la **hipnoterapia** para paliar el dolor y demostraba, día a día, que la experiencia del dolor puede cambiar radicalmente porque está mediatizada por nuestras creencias. La hipnosis no es más que una comunicación muy convincente y lo que hacía el doctor era ayudarles a perder el miedo al dolor.

Como veremos a continuación, una misma persona puede experimentar mayor o menor dolor dependiendo de lo que se diga acerca del mismo. Todos nosotros podemos aprender a hacerlo y sin necesidad de hipnosis.

Las personas más fuertes lo hacen todo el tiempo. Disminuyen su percepción del dolor gracias a su manera de entenderlo. Esto es, el dolor no es algo tan desagradable, no limita totalmente la vida porque, aun experimentándolo, siempre podemos hacer cosas positivas que nos darán satisfacción. Podríamos afirmar: «¡Viva la vida, pese al dolor!».

¿Y si fueses Leo Messi?

Con los pacientes jóvenes, para hacer tambalear su percepción del dolor, suelo plantearles la siguiente cuestión:

—Imagina que tienes un dolor crónico, no completamente insoportable, pero permanente. ¿Te fastidiaría la vida?

—¿Algo así como un dolor de muelas perpetuo? —me preguntan.

—Exacto.

—Yo creo que si no pudiese sacármelo nunca, no lo aguantaría —responden.

Entonces, añado un nuevo supuesto a la situación:

—Pero imagina que, a cambio de ese dolor, eres jugador del Fútbol Club Barcelona. Imagínate que eres Leo Messi. Te dedicas a lo que más te gusta. Eres admirado por muchos. Ganas un sueldo astronómico... ¿Podrías soportarlo?

—¡Entonces sí! ¡Me cambio ya! —suelen concluir.

Este ejercicio sirve para deshacer la solidez de la creencia «El dolor es insoportable» para transformarla en algo así como: «No me gusta el dolor, pero si tuviese la mala suerte de tenerlo, no sería el fin del mundo, aún podría ser feliz».

Si estos chicos pueden vislumbrar que hay circunstancias en las que el dolor no es tan importante —aunque se trate de situaciones excepcionales—, ya estamos creando cierta flexibilidad en su idea del mismo. Por esa puerta llegará el cambio.

Sabemos que las personas realmente fuertes y felices son aquellas que aprecian tanto la vida que ni siquiera el dolor puede eliminar su goce vital. Esos individuos saben saborear las diferentes oportunidades de su existencia y no le tienen miedo al padecimiento físico. Si activamos esa capacidad que todos poseemos para divertirnos, se hace la magia: ¡el dolor se transforma en algo mucho más llevadero!

Dicho de otra forma: **tenerle miedo al dolor amplifica la percepción del dolor**. Las personas que no tienen ese temor, lo experimentan de forma mucho menor. Por lo tanto, digámonos a nosotros mismos: «Yo puedo aguantar muy bien el dolor. No me asusta. Me lo guardo en el bolsillo y tengo una vida genial».

Yo también soy jugador de rugby

En el edificio de mi consulta de Barcelona vive un joven que me cae muy bien. Lope estudia Educación Física y trabaja como entrenador en un gimnasio de la ciudad. Los fines de semana, juega al rugby en un equipo *amateur*. A veces, coincidimos en el ascensor y solemos tener una conversación como ésta:

—Hola, Lope, ¡cómo te han puesto este finde! —le digo al verle un ojo amoratado.

—Pues esto no es nada. Tengo un hombro medio dislocado y unos cardenales en la espalda que no veas —me responde orgulloso.

—Pero ¿cómo fue el partido? ¿Ganasteis?

—¡Sí! ¡Fue un partidazo! —dice luciendo su enorme sonrisa—. Y ahora me voy a dar una clase de spinning. A ver cómo lo llevo...

Entonces, saca la bici del ascensor y se va pedaleando tan ufano. A Lope le encanta mostrar sus heridas de guerra. ¡Ahí está! Una vez más, el dolor está mediatizado por nuestra concepción del mismo.

Mis pacientes aprenden en la consulta a tener esa actitud frente al dolor, el talante del jugador de rugby, y, cuando lo consiguen, disminuye increíblemente su percepción del mismo.

Piratas del Caribe

Milton Erickson fue un genial psiquiatra estadounidense, padre de la hipnoterapia, el uso de la hipnosis con fines médicos. Tenía un conocimiento extraordinario de los fenómenos mentales y unas estrategias increíbles para tratar a sus pacientes. Podía curar casos serios en una sola sesión. En uno de sus artículos, escrito en los años cincuenta, explica una experiencia con su hijo que ilustra la plasticidad del fenómeno del dolor.

Cuando tenía 3 años, Robert se cayó por las escaleras, se clavó un diente en el maxilar y se rompió un labio. Sangraba profusamente y gritaba por el dolor y el miedo. Su madre y yo acudimos a ayudarle.

Le examiné y, en un instante en que dejó de llorar para tomar aire, le dije: «Te has partido el labio. No pasa nada. Ahora te curo».

Para que pudiese escucharme, le hablaba justo en los intervalos en que paraba para coger aire. Pero en vez de intentar tranquilizarle directamente, empleé la siguiente estrategia para reenmarcar lo que le sucedía. Dije dirigiéndome a su madre: «Mamá, hay mucha sangre en el suelo. ¿Es una sangre fuerte, roja y buena? Fíjate y dime qué te parece a ti. Creo que lo es, pero quiero estar seguro».

La cuestión de la sangre —su color, su fuerza, su calidad— pasó a desempeñar un papel psicológico importante para la significación del accidente de Robert. Examinamos la sangre del suelo y expresamos la opinión de que se trataba de sangre excelente, lo cual despertó su orgullo de niño sano y fortachón. Seguimos con la estrategia de la calificación de la sangre y le dijimos que sería mejor examinarla en el lavabo, donde se observaría mejor delante del fondo blanco del lavamanos. Para entonces, Robert había dejado de llorar y su dolor y miedo no eran los factores dominantes. Ahora estaba absorto en el importante problema de la calidad de la sangre.

Su madre lo llevó al lavabo. Le puso agua sobre la cara para ver cómo se mezclaba con la sangre y darle así «un adecuado color rosa». Le encantó ver que el agua se volvía rosada.

Lo siguiente era la cuestión de suturar el labio. Sabíamos que eso le iba a asustar así que se lo mencionamos de la mejor manera posible, activando su orgullo de hermano competitivo. Le dijimos: «Te vamos a poner unos puntos en la boca, pero no tantos como le pusieron a tu hermana Betty. Ahí te va a ganar ella. Pero a lo mejor llegas a los de Bert». Esta sugestión le permitía compartir una experiencia de niño mayor con sus hermanos y mordió el anzuelo. Nos preguntó: «¿Cuántos les pusieron a ellos?». Añadimos que los puntos le dejarían una cicatriz como las de los piratas del Caribe. Como la que tenían Betty y Bert en la pierna y en la ceja y otros muchos legendarios bucaneros. Esta idea le pareció tan emocionante que cuando llegamos al hospital de lo único que hablaba era de piratas y tesoros escondidos. Cuando terminamos, el médico le felicitó por lo valiente que había sido durante todo el proceso. Estaba radiante al salir de allí.

Esta historia de Milton Erickson ejemplifica cómo todos podemos situar la experiencia del dolor dentro de un marco que la haga más llevadera, incluso en el caso de niños pequeños sometidos al estrés de algo que desconocen.

Armados de nuestra gran capacidad de razonamiento, **los adultos podemos escoger una manera de entender el dolor mucho más positiva**.

En general, las creencias racionales que nos permitirán llevar bien la experiencia del dolor son:

- El dolor no es inamovible: se puede modular mediante el razonamiento.
- Todo el mundo puede hacerlo, incluso niños de 3 años.
- Aun con dolor, podemos hacer cosas valiosas, que nos darán cierta felicidad. Por lo tanto, el dolor no tiene por qué arruinarnos la vida.
- El dolor puede ayudarnos a centrarnos en lo realmente importante.

Cilicios y flagelos

Una de las cosas más extrañas que hacen algunos monjes es la práctica de la «mortificación de la carne». Antaño se practicaba más a menudo, aunque no se ha abandonado por completo. ¿Por qué a veces llevan unas ásperas fajas en la cintura que provocan dolor e incomodidad? ¿Por qué se flagelan la espalda?

Muchos creen que se debe a una imitación de Cristo o que es una estrategia para alejar la tentación sexual, pero no es así. La auténtica idea detrás de la mortificación es practicar la renuncia a la comodidad, al bienestar físico. Renunciar a lo material —temporalmente— para focalizarse en valores más importantes.

Los monjes se flagelaban —en general, sin provocarse heridas ni sangrar— para demostrarse a sí mismos que podían ser felices y sentirse plenos con dolor. Esa experiencia les concienciaba de que la verdadera felicidad se halla en otros valores diferentes a la comodidad. Y es que las personas caemos fácilmente en el equívoco de pensar que la comodidad lo es todo. ¡Relax, descanso, satisfacción de las necesidades, más satisfacción de las necesidades, masajes, spas, no cansarse, no pasar calor, no pasar frío...! Pero eso sólo nos llevará a desilusionarnos cuando no experimentemos ninguna plenitud en medio de tanta comodidad.

Los monjes empleaban cilicios y flagelos de forma testimonial, muy de vez en cuando. Para los que, estúpidamente, se daban con ardor a la autotortura había amonestaciones puesto que no habían entendido el sentido de ese ejercicio.

Y es que un poco de incomodidad, incluso un poco de dolor —si es aceptado con alegría— nos ayuda a fijarnos en los valores importantes de la vida.

El dolor aparta la pereza que todos tenemos y nos obliga a trabajar en pos de grandes y hermosos objetivos que, a la postre, terminan dándonos más satisfacciones que antes.

Las personas que, por una cuestión de salud, tienen que soportar dolor todos los días y lo llevan bien, agudizan su búsqueda de la felicidad en valores como la amistad, el amor, la pasión por un trabajo importante, la pasión por la vida. Digamos que lo que pierden por un lado, lo ganan por otro y, a veces, el balance es extremadamente positivo.

Una de estas personas fue la gran pintora mexicana Frida Kahlo. Hace unos años, visité su casa-museo en Ciudad de México donde se exponen algunos de sus mejores cuadros y pude leer estas líneas de su diario:

> Cada tictac es un segundo de la vida que pasa, huye, y no se repite.
> Y hay en ella tanta intensidad, tanto interés, que el problema es sólo saberla vivir.
> Que cada uno lo resuelva como pueda.

Frida Kahlo es una de las grandes artistas del siglo xx. Sus pinturas son un grito de amor por la vida, llenas de colores, formas sencillas pero cargadas de intensidad. Kahlo estuvo casada con otro gran artista, Diego Rivera, y juntos tuvieron una vida apasionante.

Pero Frida tuvo un accidente siendo niña y tenía la columna vertebral en muy malas condiciones. Durante toda su vida sufrió bastante dolor y, frecuentemente, tenía que pasar períodos de total inmovilidad postrada en una cama.

Pese a ello, disfrutó de la vida como quien bebe un rico néctar en un día de verano. Ahí va uno de sus poemas:

> Niño amor. Ciencia exacta.
> Voluntad de resistir viviendo, alegría sana.
> Gratitud infinita. Ojos en las manos y tacto en la mirada.
> Limpieza y ternura frutal.
> Enorme columna vertebral
> que es base para toda la estructura humana.
> Ya veremos, ya aprenderemos.
> Siempre hay cosas nuevas.
> Siempre ligadas a las antiguas vivas.
> Alado, mi Diego, mi amor de miles de años.

En este capítulo hemos aprendido que:

- Generalmente, las personas amplificamos la sensación de dolor añadiéndole una parte psicológica que puede llegar al 90 % de lo que al final percibimos.
- Las personas que no amplifican el dolor nos llaman la atención, parecen yoguis, pero se trata de una capacidad que todos tenemos.
- La estrategia para conseguirlo es perderle el miedo al dolor.
- Para perder ese temor hay que entender que podemos ser felices aunque algo nos duela: si dejamos de quejarnos y nos centramos en cosas valiosas.
- El dolor o la incomodidad, aceptados con alegría, pueden ser una bendición porque nos empujan a buscar placeres más elevados: los relacionados con el arte o el amor.

Convertir la vida en algo muy interesante

Un día de verano, la gente vio en la calle al mulá Nasrudín buscando algo con frenesí. Fueron hacia donde estaba y le preguntaron:

—¿Tiene algún problema, mulá?

—He perdido mi llave —replicó.

Y todos se pusieron a ayudarle. Después de bastante rato, con el calor del mediodía atizándoles sobre las cabezas, uno de los vecinos se sentó sobre una piedra y preguntó:

—Dígame, mulá, ¿qué estaba haciendo la última vez que vio la llave?

—Estaba en casa estudiando.

Todos alzaron la cabeza para escuchar mejor. El vecino, secándose la frente con un pañuelo, continuó:

—Y entonces ¿dónde cree que perdió la llave?

—En la casa, hijo mío. Justamente allí —respondió con sosiego Nasrudín.

El hombre, sorprendido, puso el grito en el cielo:

—Y ¿por qué demonios busca aquí, en la calle?

—Porque aquí hay más luz, hijo mío: mucha más luz.

En este capítulo hablaremos del goce de la vida. Muchos buscan la llave de la felicidad en los logros, los placeres, las relaciones... Creen que la solución debe hallarse siempre en el exterior. Parece que hay mucha luz en esas cosas. Sin embargo, son muy pocos los que aciertan y buscan dentro de sí mismos.

Hace ya bastantes años, tuve la ocasión de pasar un año en Inglaterra como estudiante Erasmus. ¡Fue una experiencia genial! Era la primera vez que vivía fuera de casa de mis padres y, de golpe, me vi viviendo con decenas de estudiantes extranjeros en una preciosa residencia universitaria que había sido la mansión de un noble inglés.

La vida en la universidad era deliciosa y emocionante. Para empezar, vivíamos en un campus enorme con bosques, prados, campos de fútbol tapizados de hierba y lagos. Por las calles sólo circulaban las bicis de los estudiantes. Paz casi total.

Pero también existía toda la movida que un joven pudiera desear ya que cada semana se organizaban diez o quince fiestas, conciertos, proyecciones de cine de culto, ¡hasta ópera de vez en cuando!

La Universidad de Reading tenía un 30 % de estudiantes extranjeros y para mí fue una gran experiencia conocer a chicos asiáticos, africanos, estadounidenses, latinoamericanos... gente recién llegada de todas partes y con los que me podía comunicar perfectamente en inglés. En un mes allí, conocí a más gente que en los veinte años de mi vida anterior.

Para rematarlo, Londres se encontraba a menos de una hora en tren, con sus museos, sus mercados y su vida nocturna.

Tengo un recuerdo de entonces que se me quedó grabado para siempre: la imagen es la de mi novia de aquella época, la japonesa Tomoe Noda, paseando por el campus. En un momento de nuestra conversación, me dijo con toda la expresividad del mundo:

—¡La vida es tan interesante...!

Y es que al menos para nosotros, en aquellos días, la vida era absolutamente apasionante. Todos los días vivíamos experiencias nuevas, conocíamos a personas diferentes, con aficiones diversas y aprendíamos sin cesar.

Como veremos en el presente capítulo, la vida de todos puede ser así de interesante. Y no depende de estar en Barcelona, la Universidad de Reading o China... depende sólo de nosotros mismos. De que aprendamos a construirnos una vida interesante en cada momento de nuestra vida.

Ser potenciador o dilapidador

A continuación, vamos a hablar de cómo potenciar la pasión en nuestro día a día. Veremos que todos tenemos una gran capacidad para hacerlo. Aunque se trata de una capacidad que, muchas veces, tendemos a dilapidar. En ocasiones, incluso, sin darnos cuenta, llegamos a ser expertos en convertir la vida en algo aburrido y vacío.

Si empleamos esta capacidad de aumentar y hacer reverberar el disfrute, nos convertiremos en lo que yo llamo «potenciadores» y si, por el contrario, la matamos, seremos «dilapidadores».

Mi padre siempre ha sido un ejemplo de potenciador, sobre todo en el trabajo. Él fue albañil con una cuadrilla de obreros a su cargo y era todo un espectáculo verlo trabajar. Alguna vez le había visto en acción en medio de la obra y su pasión era sorprendente. Le encantaba: se notaba en sus ojos, en sus ademanes, en su energía.

Recuerdo que, muchas veces, yendo con mi padre por la calle, habíamos pasado por delante de algún comercio o edificio que él había reformado. Solía decir:

—¿Ves, hijo? Esta tienda la hicimos nosotros. ¿Ves qué puertas pusimos? Son de roble americano.

Cuando mi padre acababa su jornada debía de estar cansado, pero no se le notaba un ápice. Generalmente, iba con sus obreros a tomar una cerveza y charlaban animadamente o, en ocasiones, volvía a casa y acababa algún presupuesto. Su lenguaje corporal indicaba que estaba en plena forma. Y es que los potenciadores se cansan físicamente, pero no mentalmente. Tal es su actitud frente a lo que hacen.

Por alguna razón, creo que antes había más potenciadores que ahora. Mi abuelo Rafael tenía el mismo talante que mi padre y he conocido muchos ancianos que hablan de manera similar de sus empleos. ¿Qué podemos hacer para recuperar esa actitud tan constructiva y gratificante? Veámoslo con detenimiento.

El demonio del mediodía

Decíamos que en el pasado la gente parecía disfrutar más de su trabajo y de su entorno, pero no nos equivoquemos, siempre ha habido dilapidadores. Incluso en tiempos remotos. En un texto del escritor Aldous Huxley, encontré lo siguiente acerca de los monjes del medievo:

En el siglo IV los monjes del desierto de Tebaida se hallaban sometidos a los asaltos de muchos demonios. La mayor parte de esos espíritus malignos aparecía furtivamente a la llegada de la noche. Pero había uno, un enemigo de mortal sutileza, que se paseaba sin temor a la luz del día. Los santos del desierto lo llamaban «*daemon meridianus*» (demonio del mediodía), pues su hora favorita de visita era bajo el sol ardiente. Yacía a la espera de que aquellos monjes se hastiaran de trabajar bajo el sol opresivo, aprovechando un momento de flaqueza para forzar la entrada a sus corazones. Y una vez instalado dentro, ¡qué estragos cometía!, pues de repente a la pobre víctima el día le resultaba intolerablemente largo y la vida desoladoramente vacía.

El monje afectado por el demonio del mediodía iba a la puerta de su celda, miraba el sol en lo alto y se preguntaba si se había detenido el astro a la mitad de su curso. Regresaba entonces a la sombra y se preguntaba por qué razón él estaba metido en una celda y si la existencia tenía algún sentido. Volvía entonces a mirar el sol, hallándolo indiscutiblemente estacionario, mientras que la hora de la merienda común se le antojaba más remota que nunca.

Volvía entonces a sus meditaciones para hundirse,

entre el disgusto y la fatiga, en las negras profundidades de la desesperación y el consternado descreimiento. Cuando tal cosa ocurría el demonio sonreía y podía marcharse ya, a sabiendas de que había logrado una buena faena mañanera.

A lo largo de la Edad Media este demonio fue conocido con el nombre de «acedia». Aunque los monjes seguían siendo sus víctimas predilectas, realizaba también buen número de conquistas entre los laicos. Al hablar de ella en el *Cuento del clérigo*, Chaucer hace una descripción muy precisa de ese catastrófico vicio del espíritu. «La acedia —nos dice— hace al hombre aletargado, pesaroso y grave. Paraliza la voluntad humana, retarda y pone inerte al hombre cuando intenta actuar. De la acedia proceden el horror a comenzar cualquier acción de utilidad, y finalmente el desaliento o la desesperación.»

En su ruta hacia la desesperanza extrema, la acedia genera toda una cosecha de pecados menores, como la ociosidad, la morosidad, la frialdad, la falta de devoción y el pecado de la aflicción mundana llamado «tristitia», que mata al hombre, como dice san Pablo: los que han pecado por acedia encuentran su morada eterna en el quinto círculo del Infierno. Allí se les sumerge en la misma ciénaga negra con los coléricos, y sus lamentos y voces burbujean en la superficie.

Los monjes del siglo iv ya describieron la extraña enfermedad que contraían algunos de sus compañeros y la llamaron «acedia», una especie de depresión que comenzaba con la desidia en el trabajo. Yo creo que esos monjes eran los primeros dilapidadores descritos sobre papel de la historia.

Pero la buena noticia es que todos podemos convertirnos en potenciadores. Tan sólo tenemos que seguir cuatro reglas claras y convertirlas en hábitos:

> 1. Ir siempre a por el sobresaliente.
> 2. Retarse.
> 3. Planificar.
> 4. Sudar la camiseta.

Regla n.º 1: Ir siempre a por el sobresaliente

Esta primera regla la aprendí de pequeño en la escuela. En este mismo libro, en el capítulo 16, dedicado a la educación (más adelante), relato una experiencia personal de transformación cuando de niño, pasé de convertirme de mal alumno a uno de los primeros de la clase. De alguien que pensaba que era tonto a un estudiante ejemplar.

Y ese inusual cambio lo pude hacer, con 12 años, tras darme cuenta de que la mejor forma de estar en la escuela era sacar muy buenas notas. No sólo aprobar las asignaturas sino intentar sacar todo sobresalientes.

Y es que **la mejor manera de motivarse es apuntar bien alto**. Aunque, a menudo, en nuestra vida cotidiana, hacemos lo contrario.

Imaginemos que vamos a jugar un partido de fútbol con unos amigos y, de entrada, vemos que nuestro equipo es tan malo, que es seguro que vamos a perder de muchos goles...; en el mejor de los casos, quizá empatar. ¡Y así partido tras partido! Es muy difícil mantenerse ilusionado en tales circunstancias.

O que empezamos un curso de windsurf con la idea fija de que, en nuestra vida, sólo podremos conseguir un nivel básico: quizá llegar a no caernos mucho al agua. Vaya, ese objetivo no es muy motivador, ¿verdad?

Muchas veces cometemos el error de enfrentar nuestras tareas cotidianas apuntando bajo. Vamos al trabajo con la intención de cumplir y recibir el sueldo a final de mes o cocinamos para simplemente alimentarnos: ¡deprisa, que después quiero hacer otra cosa! Desperdiciamos nuestra capacidad de disfrute del día a día. Y, sin embargo, lo puedo asegurar: ¡un potenciador nunca hace eso!

Por lo tanto, la primera regla para hacer de la vida algo muy interesante consiste en fijarse una meta alta, una meta que nos ilusione. **La vida es para esforzarse, para llegar cansado a la cama cada noche, pero, eso sí, habiendo disfrutado.** Y esas metas pueden hacer referencia a todas nuestras tareas: cocinar, hacer deporte, estudiar, limpiar... y, sobre todo, trabajar.

Un potenciador no sólo cocina, intenta cada mes hacer platos más ricos o más sanos para llegar a ser un increíble cocinero. Un potenciador no sólo trabaja, se plantea ser uno de los mejores de su profesión.

Ir siempre hacia el sobresaliente es una oportunidad de ponerle sal a la vida que no podemos desperdiciar. ¿Queremos tener una vida interesante? ¡Todos podemos tenerla!

Regla n.º 2: **Retarse**

Esta regla potenciadora se refiere a esas tareas concretas de nuestra vida que pueden parecer más rutinarias. Por ejemplo, las cosas que hacemos en el trabajo de forma repetitiva: atender a personas en la recepción o archivar documentos.

Retarse a uno mismo es lo que hacemos cuando practicamos algún deporte competitivo. Jugando al tenis, por ejemplo, en cada partido, nos planteamos mejorar el revés, llegar a todas las bolas, hacer un gran juego en la red... ¡Y todo eso nos sale de forma natural! Forma parte de la diversión del juego.

Los potenciadores hacen eso en su día a día, sobre todo en su trabajo. Cualquier mañana de su vida, cualquier tarde, se frotan las manos delante de su escritorio y se ponen alguno de esos minirretos.

Una persona que atiende a clientes en la recepción puede intentar atender a un número mayor en menor tiempo; o darles una información todavía más completa; ser más amable; aprender a lidiar con las personas más difíciles... ¡las posibilidades de mejora no se agotarán jamás!

Al lado de mi consulta en la calle Córcega de Barcelona, hay una cafetería a la que suelo ir cada día. La llevan unos chicos jóvenes que cuidan mucho la calidad del servicio. Los tres camareros se saben los nombres de todos los clientes habituales. ¡De todos! Y se trata de muchas personas porque el lugar tiene mucho éxito. Algunos pasamos por allí para llevarnos el café a la oficina y es un gusto que te llamen por tu nombre o sepan cuál es tu consumición habitual.

Su norma es que, a la que un cliente repite un par de veces, memorizan su nombre y compiten con ello: ¿a ver quién recuerda más? Y así su trabajo, además de ser más efectivo, es más divertido e interesante.

Los potenciadores son muy buenos a la hora de retarse. Se han habituado a hacerlo y les sale de forma natural cada día de sus vidas. Si los monjes con acedia del medievo hubiesen aprendido a hacerlo, para nada se hubiesen visto afectados por «el demonio del mediodía».

«Retarse» también puede hacer referencia a la generación de proyectos nuevos. Mi tío Rafael es vendedor por cuenta propia —de mucho éxito— y, en una ocasión, me comentó que para él es importante plantearse continuamente nuevos proyectos personales para animar su trabajo. Por ejemplo, introducir un prometedor producto en su cartera, abrir un nuevo territorio o inventarse llamativas promociones...

Constantemente, se automotiva con esas innovaciones. Siempre tiene un proyecto en su mente que hace más divertido su trabajo. Algunos de esos proyectos salen bien y otros no; pero al margen de los beneficios que le reportan, su método de la mejora continua le mantiene «enchufado» en el trabajo.

Regla n.º 3: **Planificar**

Otro de los secretos de los potenciadores es que siempre toman la iniciativa en sus trabajos y en sus vidas. Por el contrario, los dilapidadores tienen una actitud más bien pasiva.

Estos últimos esperan que sea el destino quien les aporte los momentos de goce y emoción, pero hacen muy poco por provocarlos.

Una de las mejores vías para potenciar nuestra vida es hacerla interesante mediante la planificación. Esto es, **dedicar una parte de nuestro día a día a programar lo que vamos a hacer en el futuro cercano**.

Un potenciador tiene una agenda y hace planes de antemano. Analiza sus posibilidades y se programa el día siguiente, la semana siguiente, el verano siguiente y el año siguiente. Cuanto más planifiquemos, mejor.

En ese sentido, yo les aconsejo a mis pacientes con «acedia» que se programen siempre, al término de cada día, la jornada siguiente: que se pongan retos, que se comprometan con lo que desean conseguir el día siguiente.

También les aconsejo, por otro lado, que **cada domingo reflexionen sobre sus objetivos para el próximo mes o dos meses**. ¿Qué metas generales puedo conseguir? ¿Qué proyectos puedo emprender? Se trata de obtener una planificación más amplia que nos ayude a orientarnos durante un período más largo.

Y, finalmente, que preparen y planifiquen, con la máxima antelación, viajes de verano y demás aventuras de ocio.

Sin planificación no es posible hacer la vida muy interesante. Si esperas hasta el último día para preparar tus vacaciones de verano, lo más probable es que vayas siempre a la misma playa, año tras año. ¡No te quejes después de que la vida parezca un poco aburrida! Por el contrario, habituarse a planificar, cuanto más mejor, ¡nos dará muchas más opciones!

Regla n.º 4: **Sudar la camiseta**

Yo ya llevo bastantes años dedicado a la psicología y he visto muchísimos pacientes. En mi primera etapa veía ocho o nueve todos los días, sábados incluidos, así que el número total de sesiones realizadas se cuenta ya por miles. Y es cierto que muchos casos son muy parecidos. Se me podría preguntar: «Rafael, ¿no te cansas de tu trabajo?». Y la respuesta es: «¡No!», porque en cada una de las sesiones me concentro como si fuese la primera. Con cada paciente y, en cada una de las visitas, intento entregarme al máximo.

Yo, además, llevo a cabo otras tareas aparte de la psicoterapia: superviso a otros psicólogos, doy cursos sobre salud mental, conferencias, escribo libros y estudio constantemente las novedades en nuestro campo. Y podría tener fácilmente la tentación de decirme a mí mismo: «A ver si despacho rápido al próximo paciente para ponerme a preparar la conferencia de esta tarde».

¡Pero evito como la peste ese tipo de maniobras mentales! Porque si lo hiciese, estaría arruinando la diversión de mi trabajo. Es muy fácil acostumbrarse a hacer las cosas deprisa, mecánicamente, sin intensidad. Y eso sería despojarlas de su interés. ¡Eso me metería en la senda del dilapidador!

Por lo tanto, la última regla para convertir nuestra vida en algo emocionante es «sudar la camiseta», poner atención a lo que tenemos entre manos, sea trabajar, cocinar o lavar el coche. Esforcémonos, vivamos el presente.

Llevo toda la vida jugando al baloncesto. Mis hermanos y yo conformamos una saga de baloncestistas que se enseñaron a jugar los unos a los otros sucesivamente. ¡Y todavía juego!

Los fines de semana me gusta echar una pachanga entre amigos o ir a alguna cancha callejera a jugar un uno contra uno con algún Michael Jordan desconocido.

Me encanta ese deporte... pero, un momento: ¡me tendrías que ver sobre la pista! Lo doy todo. Y si hay algo que me disgusta es que mi contrincante no se lo tome en serio porque, entonces, el juego pierde toda la gracia.

—Oye, si no tienes ganas de jugar, lo dejamos, ¿eh? —puedo decir contrariado.

O mejor:

—Mira, ¡me juego una Coca-Cola a que no me puedes ganar el siguiente partido!

Con los adolescentes, el viejo truco de retarles con un refresco suele surtir efecto. Lo recomiendo. Y es que practicar cualquier deporte sin echarle emoción es muy aburrido. Lo contrario, esforzarse hasta el cansancio máximo, chocar la mano después de una buena liza, conforma uno de los grandes placeres de la vida. Hagamos lo mismo con todos los ámbitos de nuestra vida.

La «neura» del domingo por la tarde

Un último apunte sobre construirse una vida muy interesante. Recuerdo que durante mis primeros años en la facultad de Psicología nos hicieron leer algunos artículos científicos sobre la depresión del domingo por la tarde.

Desde hace unos cuarenta años, se estudia ese curioso fenómeno: sentirse «depre» el domingo por la tarde/noche. Se trata de un sentimiento de vacío y tristeza relacionado con la falta de actividad, con el final del miniperíodo vacacional del sábado y el domingo.

Lo experimentan por igual adultos y jóvenes, y es independiente de que el lunes les espere un trabajo odioso o interesante. La depre del domingo por la tarde también se da durante las vacaciones de verano cuando el lunes no hay que volver a ningún empleo. Uno se pone mal, en realidad, por esa sensación de «no tener nada que hacer» y por la idea de «final de ciclo».

La neura del domingo por la tarde es una expresión más de la acedia de los monjes medievales. Nos indica que somos dilapidadores o que estamos en camino de serlo. **Para evitar esa neura simplemente nos tenemos que convertir en potenciadores.**

¡Y es que el domingo por la tarde es un momento maravilloso de la semana! ¡No nos digamos lo contrario! Más bien, preguntémonos: «¿No existen proyectos interesantes en los que invertir el tiempo?». ¡Por supuesto que sí!

Para un potenciador no existe ningún momento —repito, ningún momento— que no sea dulce, interesante y provechoso: ya sea en el aeropuerto a la espera del embarque o en una habitación de hotel en el extranjero. A los potenciadores los verás en esos lugares con los portátiles encendidos, adelantando trabajo, releyendo la guía de viaje... pero nunca perdiendo el tiempo de esta maravillosa vida deprimiéndose por la absurda idea de que «no hay nada que hacer»: ¡siempre hay algo fantástico en lo que dedicar nuestra preciosa atención!

Eso sí, si vamos a por el sobresaliente, nos retamos, planificamos y sudamos la camiseta. Si hacemos todo eso, la vida no puede ser nada más que muy, muy interesante.

En este capítulo hemos aprendido que:

- En cualquier momento y en cualquier lugar, todos podemos hacer de nuestra vida algo muy interesante.
- Existen personas «potenciadoras» y «dilapidadoras». Los potenciadores le ponen pasión a lo que hacen y los dilapidadores, se la quitan.
- Para convertirse en un «potenciador» hay cuatro estrategias: ir siempre a por el sobresaliente, retarse, planificar y sudar la camiseta.

MALESTARES provocados por la MENTE

Malestares provocados
por la mente

La Muerte se dirigía aquella mañana hacia una ciudad cuando un hombre le preguntó:

—¿Qué vas a hacer?

—Voy a llevarme a cien personas —respondió con su voz grave y pausada.

—¡Eso es horrible! —dijo el hombre.

—Así tiene que ser —espetó la Muerte—. Eso es lo que hago yo.

El hombre corrió para avisar a todos de los planes de la Parca.

El día pasó y llegó la noche. El mismo hombre se encontró de nuevo a la Muerte:

—¡Me dijiste que ibas a llevarte a cien personas! ¿Por qué han sido mil?

La Muerte, sosegada como siempre, respondió:

—Yo he cumplido mi palabra. Sólo me he llevado a cien. El Miedo se llevó a los demás.

En este capítulo vamos a hablar de los trastornos psicogénicos, enfermedades de todo tipo que parecen físicas, pero que son creadas por la mente. El responsable de estos males no es un virus sino, como en este cuento, un personaje llamado **Miedo**.

Me trajeron a Gabriel, prácticamente a rastras, dos de sus hijos y su mujer. Ese primer día, cuando abrí la puerta de la consulta, me lo encontré allí, encorvado, delgadísimo, blanco, arrugado y triste. Tendría unos 75 años y, desde hacía dos, un problema que le estaba consumiendo: padecía unos dolores de estómago descomunales que le hacían aullar. Y ya no salía de casa por temor a que esos ataques le cogiesen fuera del hogar, donde no le pudieran socorrer.

Había ido a médicos, le habían hecho pruebas y no parecía tener nada. Estaba jubilado, pero ya no iba a su querido huerto, ni conducía su cuidado coche, ¡ni salía de casa para comprar el periódico! «¡Ya no tengo ganas de nada!», me dijo con ojos llorosos en nuestro primer encuentro.

Gabriel y yo trabajamos durante unas diez intensas sesiones y, al final, como sucede muchas veces, nos hicimos amigos. Y durante ese período asistí a su transformación. Semana tras semana, fue recobrando el peso, el color, la sonrisa y las ganas de vivir. La persona que dejó la consulta en la última sesión era un tipo muy diferente al que entró por vez primera. Como él mismo dijo: «Cuando me desperté, cuando me curé, volví a ser yo».

Gabriel había padecido un problema psicogénico, una de las familias de trastornos que más vemos los psicólogos en la actualidad. Se trata de dolencias que parecen físicas pero que, en realidad, las produce la mente. Las hay de todo tipo: dolores de cabeza, de espalda, mareos, cansancio, ansiedad (los llamados trastornos de ataques de pánico), ¡hasta parálisis de las piernas o los brazos que duran años!

A veces, estas dolencias tienen algún origen fisiológico real —por ejemplo, un ligero dolor de estómago ocasional—, pero las personas las amplifican con su mente: las exageran (sintiéndolo como un malestar intolerable) y hacen que sucedan casi todos los días. De un dolorcillo de nada a ¡una pesadilla diaria inaguantable!

Un año después de finalizada la terapia con Gabriel, le cité para una sesión de supervisión, y me dijo: «Cuando me puse en condiciones, me di cuenta de que tenía un principio de úlcera, muy pequeña, pero que se acrecentaba con los rollos de mi mente. Ahora ese dolor lo controlo con la dieta y un poco de medicación y casi ni lo noto».

Con cierto origen real o completamente inventados por nuestra mente, todos podemos aprender a liberarnos de los malestares creados por nuestra mente.

En este capítulo, vamos a aprender a superar este tipo de problemas mediante la aplicación de tres pautas mentales:

1. Aceptación alegre.
2. Recogimiento.
3. Dar lo mejor de uno mismo.

Cómo la liamos parda ✐

Los síntomas psicógenos se dan por un mecanismo de rever-beración. **Somos nosotros mismos los que los produci-mos.** Por temor a la ansiedad, me produzco ansiedad. Por temor al cansancio, me produzco fatiga. Es algo parecido al curioso efecto de ir en bicicleta y ver un charco y, justo por intentar evitarlo, mi mente hace que pase por encima. Es como intentar no pensar en un limón amarillo y no poder qui-tármelo de la cabeza.

Los ataques de pánico son un buen ejemplo de esas enfer-medades fantasma producidas por la excesiva atención en el cuerpo. Las personas que tienen miedo a la ansiedad —a que el corazón les vaya muy deprisa, por ejemplo— hacen que el miedo aumente. Se trata de un miedo paroxístico. Es decir, el temor crece vertiginosamente a causa del propio miedo a experimentar los síntomas.

Es lo que se llama el círculo vicioso de los ataques de an-siedad:

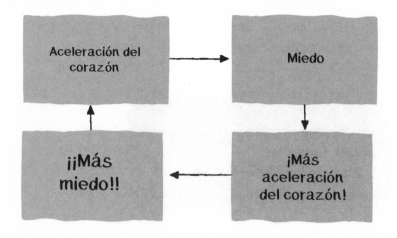

Esta cualidad paroxística o retroalimentadora hace que, en la mente humana, se puedan producir subidones de ansiedad repentinos. Entonces, el miedo llama al miedo en una **espiral diabólica**.

Las salas de urgencias de todos los hospitales del mundo reciben todos los días muchos casos de ataques de pánico y el protocolo consiste en hacer un electrocardiograma, en caso de dolor torácico, y cuando se comprueba que es normal, administrar un tranquilizante. La seguridad que proporciona que el médico nos dé el alta y nos diga que no pasa nada, hace que el ataque remita por sí solo.

El problema es que, frecuentemente, la persona le coge miedo a que se pueda repetir el incidente. A partir de entonces, puede quedar atrapada en la espiral del miedo. Sin darse cuenta, todos los días, desde el despertar, estará superatenta a sus funciones corporales, de forma que, a la menor alteración percibida, se desencadenará otro ataque de ansiedad.

El siguiente paso en la espiral diabólica suele ser que el afectado empieza a evitar lugares donde se podría poner nervioso o donde, si le diese uno de esos ataques, no pudiera salir rápido para tomar aire, ir a un hospital o simplemente meterse en la cama. La evitación aumenta el problema porque solidifica el temor: lo hace más real.

Yo he tenido algunos pacientes con trastornos de ataques de pánico increíblemente severos. Uno de mis primeros pacientes era un hombre de 40 años que llevaba veinte sin apenas salir de casa.

Mi querido profesor Giorgio Nardone, psicólogo italiano con una de las trayectorias profesionales más insignes, solía decirles a los aquejados de ataques de pánico: «Tienes que evitar evitar». Sabemos que la evitación de lo temido exacerba el temor. Si el primer día de práctica del esquí, nos caemos, el monitor insistirá en que volvamos cuanto antes a la pista, no vayamos a cogerle miedo.

Y es que para eliminar un miedo paroxístico —el miedo al propio miedo— **tenemos que enfrentarnos a las sensaciones temidas**. No hay más remedio. Cuanto antes lo hagamos, mejor.

A continuación, veremos cómo solucionamos estos entuertos con terapia cognitiva. Tanto si padecemos cansancio psicógeno, ansiedad, niebla mental o dolores creados por la mente, las siguientes herramientas nos devolverán el color a la cara, la sonrisa y las ganas de vivir.

Aceptación alegre

El primer paso para superar estos males inventados por la mente es lo que yo llamo «aceptación alegre» que vimos en el capítulo 9 en referencia a «afrontar grandes adversidades». Consiste en **comprender que podemos estar bien incluso con dolor, cansancio o ansiedad**. Este tipo de aceptación es «alegre» en contraposición con lo que podríamos denominar «aceptación sombría» o resignación.

Si la persona que tiene este malestar psicógeno experimenta que se puede ser feliz con el síntoma, va a suprimir el miedo y su lucha contra éste. En esto consiste la aceptación alegre: «ser feliz incluso con el síntoma».

Un paciente llamado Ernesto me contó una experiencia

sencilla de esta aceptación positiva del síntoma. Me explicó la siguiente historia:

El domingo quise ir por la mañana a la piscina para hacer natación. Yo odio la natación porque ni nado bien ni me gusta. Pero decidí hacerlo porque tengo una lesión en la rodilla y no puedo correr. Nadar no fuerza tanto la articulación: así que allá fui.

Pero como siempre que nado, acabé exhausto. Luego tenía que ir a comer con mis padres. Estarían también mi hermano y su esposa. Fui y ya en el trayecto me puse de mal humor. ¿La razón? Que estaba desfondado, me dolían las piernas y los brazos. Ya no tenía ganas de comer con nadie.

«¡Ojalá pudiese irme a dormir a casa!», pensé. Generalmente me lo paso muy bien con mi familia. Reímos, nos damos cariño y estamos a gusto. Sin embargo, aquel día, llegué a la casa emocionalmente mal. Pero antes de entrar allí, me detuve frente a la puerta y recordé lo que hemos aprendido en la psicoterapia: «puedo ser feliz aun con un síntoma físico que me moleste».

Y, entonces, Rafael, conseguí algo realmente bonito: decidí aceptar la situación y, simplemente, dar lo mejor de mí. Entré, me senté a la mesa para comer y, ¡aceptando siempre mi incomodidad interior!, traté a todos con cariño. Puse atención a las cosas que explicaron mi hermano, mi cuñada y mis padres.

Intenté ser elegante y amable con mi actitud. Añadí un gesto de comprensión y unas palabras de calma al que se preocupaba por algo... y ¡se hizo el milagro! Se me pasó completamente el malestar psicológico: estaba cansado, pero bien.

Mi planteamiento de la comida fue diferente al habitual. Sabía que no podía estar como de costumbre (no iba a reír, hacer bromas...) porque no tenía fuerzas para ello. Pero iba a poner un granito de arena en el bien común: de forma discreta pero perseverante.

Rafael, tengo que decirte que fue un encuentro muy bonito. Estuvimos todos diferentes, más serenos, pero fue hermoso. Y yo, personalmente, acabé sintiéndome muy bien. Sí, estaba cansado, pero tranquilo y feliz.

Cuando hacemos como Ernesto, nos convertimos en **sibaritas de la vida**, personas que saben apreciar un gesto, una conversación amable y elegante. Los síntomas nos limitan, sí, pero aceptamos esa limitación y simplificamos nuestra experiencia. Ernesto no podía ser el de siempre, un tipo extrovertido y divertido; la comida no iba a ser genial de la forma habitual, pero iba a serlo de otra: iba a ser correcta, amable, tranquila y dulce.

Recogerse ✳

En la simplificación se halla una forma de goce. Por eso, los monasterios zen son cantos a la sencillez. Jardines austeros, salas silenciosas, belleza simple. **La simplificación nos obliga a concentrarnos en pequeños detalles, a afinar la atención.**

Cuando limitamos nuestros objetivos, cuando simplificamos con humildad, se encienden un montón de neuronas nuevas, aquellas encargadas de captar los placeres más finos.

Si algún día me retiro a un monasterio, reduciré mi vida en un sentido, pero la despertaré en otro, y ese nuevo sentido vital puede que sea más hermoso. Más sencillo, pero más bello, más profundo.

Siempre que padezcamos un dolor, una molestia de cualquier tipo, podemos optar por aceptar el malestar, simplificar nuestra vida y dedicarnos a algo sencillo pero hermoso. Entonces nos volveremos realmente virtuosos.

Ernesto me dijo que en aquella experiencia con su familia se había sentido «humilde» y eso le permitió prestar atención a pequeñas pero preciosas virtudes: hablar con elegancia y moderación, escuchar a los demás, comprenderles y darles cariño.

La cuarta dimensión de la existencia ✦

Sólo este tipo de «aceptación positiva», acompañada de un «sano recogimiento», consigue, paradójicamente, **eliminar los malestares de la mente.** Porque le perdemos el miedo al dolor, a la ansiedad, ¡a cualquier malestar!

En el inicio de este libro hablé de Alcohólicos Anónimos (AA). Los que siguen este método de cambio experimentan una renovación interior que les convierte en personas diferentes: más vibrantes, más serenas, mejores. En el libro de referencia de la asociación —el Libro Grande de AA— se dice que sus miembros suelen vivir un resurgir espiritual y entran en lo que se podría llamar «la cuarta dimensión de la existencia», esto es, empiezan a disfrutar de la vida como desconocían que se podía hacer.

Esto es así hasta el punto de que, pocos años después de la creación de AA, muchos familiares de los ex alcohólicos solicitaron formar parte del grupo: querían obtener esa nueva fuerza vital de sus renovados seres queridos. Entonces, AA creó grupos de «familiares y amigos de AA» que existen hoy en todo el mundo.

Y es que una enfermedad, una molestia, una debilidad, puede originar una transformación que nos haga más fuertes y felices.

Dar lo mejor de uno

El método para eliminar las molestias provocadas por la mente también implica lo que llamo «dar lo mejor de uno» o «hacer algo hermoso dentro de nuestras posibilidades». Para perderle el miedo al dolor, a la ansiedad o a la tristeza, tenemos que darnos cuenta de que podemos ser felices con ello. Esto quiere decir que **podemos hacer mucho pese a las limitaciones**. Quizá más que nunca. O, al menos, actos de un valor enorme.

Conozco a una familia que tuvo a su pequeña hija muy enferma en un hospital de Barcelona. Eran unos padres jóvenes y su única niña, Julia, tenía un cáncer muy severo. Estuvieron tres meses en el centro y, finalmente, la pequeña murió. Era una dulzura, pero un día de diciembre, le llegó su día.

Durante todo aquel tiempo, que se hizo eterno, conocieron a una voluntaria —Laura— que se pasaba por allí cada día para ayudar en lo requerido. Era una chica jovencísima, de 20 años, que llegaba siempre con algo nuevo: un juego de magia, una guitarra para cantar, un cuento de la biblioteca. En realidad, Laura prestaba más servicio a los padres que a la pequeña Julia: les sustituía para que fuesen a comer, les levantaba el ánimo con su sonrisa, lloró con ellos alguna tarde de bajón...

Dos semanas después de la muerte de la niña, la joven Laura recibió una carta de la madre de la pequeña. En ella decía:

«Todavía no hemos sanado nuestro corazón por la pérdida de Julia, pero puedo decir que en este páramo por el que hemos pasado, hemos visto una flor. Nunca te olvidaremos.»

Cada vez que en un páramo, en un desierto del alma, hacemos algo hermoso, sale una flor. Y esas flores producen los aromas más bellos de la vida. Eso es «dar lo mejor de uno» o «hacer algo hermoso dentro de nuestras posibilidades», lo cual podemos practicar siempre y en cada lugar. Esta actitud nos sitúa automáticamente por encima de cualquier malestar y, si es psicológico, éste desaparecerá. Esto es perderle el miedo al dolor sin luchar. **Esto es combatir sin pelear.**

La debilidad, la gran maestra ✍

Muchas neuras se hallan dentro de la familia del «temor a la debilidad». Cuando estamos neuróticos, tendemos a temerle a «estar mal», «ser menos», «estar enfermo», «padecer ansiedad», «ser depresivo», «tener dolores crónicos» y, como hemos visto, ese temor produce esos síntomas: los amplifica hasta extremos increíbles.

Pensamos equivocadamente que la dolencia nos va a arruinar la vida, luchamos contra ella desde el minuto uno y ahí empieza el lío. Esa lucha es la que produce el aumento exponencial de la ansiedad, el dolor o lo que sea que nos fastidie.

Pero por el contrario, **las personas que no temen a la debilidad no amplifican el malestar y éste va y viene como una brisa ligera**.

Y es que en nuestra sociedad le tememos mucho a la debilidad. Y cuando escribo esto me viene a la mente una imagen diferente: una estatua de san Juan de Dios que preside la entrada principal del hospital infantil del mismo nombre en Barcelona.

Yo voy a veces allí a charlar con una amiga mía que dirige a los voluntarios del hospital, Tina Parayre, una de las personas más racionales que he conocido nunca. Esa gran estatua de un par de metros de altura representa a un monje del siglo XVI vestido con un roído hábito y rodeado de niños enfermos, pero alegres. Ese monje creó una orden para el cuidado de enfermos: un tipo que fue feliz entre los más débiles, incluso entre los moribundos. Tina y su equipo de trescientos voluntarios lo siguen haciendo en pleno siglo XXI.

Unos tememos a la debilidad y otros —como san Juan de Dios— la meten en su vida como forma de alcanzar la sabiduría y la felicidad: extraño, ¿no? La solución a este enigma es que **la debilidad puede ser la gran maestra**; no hay que temerla, sino todo lo contrario.

Y es que cualquier debilidad —enfermedad corporal o psicológica— no tiene por qué impedirnos ser felices. Encontraremos demostraciones por todas partes. Si lo comprendemos, dejaremos de lamentarnos y empezaremos a aprovechar nuestra vida.

Por eso la debilidad puede convertirse en la gran maestra, porque nos puede conducir a descubrir una vida nueva mucho más intensa y armónica. Eso sí, si la aceptamos con alegría, nos recogemos con humildad y damos lo mejor de nosotros dentro de nuestras limitaciones.

Cuando estamos fuertes, tendemos a buscar gratificación en los logros externos. Cuando estamos débiles —y empleamos la debilidad como maestra— tendemos a concentrarnos en el amor y en el disfrute de las cosas pequeñas.

Una de las miles de demostraciones del potencial transformador que tiene la debilidad la encontré en una entrevista publicada en *El Periódico de Catalunya*. El protagonista, Paolo Badano, es un italiano de 43 años que a los 20 se quedó en silla de ruedas a causa de un accidente de tráfico. La entrevista tenía como motivo que Paolo ha inventado una especie de moto —un *segway*— que permite una gran movilidad a los discapacitados, pero al margen de su invento, sus ideas acerca de la vida no tienen desperdicio. En la entrevista, Paolo dice:

Cuando nos pasa algo malo, sólo pensamos en lo que nos quitan, en lo que perdemos, pero para mí la discapacidad ha sido una gran maestra, me ha mostrado la importancia de la amistad profunda, la importancia del amor y el valor justo de cada cosa. Es normal que haya gente que, después de un accidente como el mío, no vuelvan a levantar el ánimo, pero no tiene por qué ser así: en mi caso, es todo lo contrario. Hasta el punto de que si pudiese cambiar algo de mi pasado, no cambiaría el día de mi lesión.

En este capítulo hemos aprendido que:

- La mente puede producir toda clase de malestares que parecen físicos.
- El ingrediente fundamental de ese malestar es el miedo.
- Si dejamos de temer, la ansiedad, el dolor, el cansancio psicogénico desaparecen.
- Para superar estas dolencias hay que dejar de evitar.
- Cuando experimentemos ese malestar podemos aceptarlo, recogernos y dar lo máximo de uno, pero sobre todo, no evitar la situación temida.

15

Superar el miedo a la muerte y demás neuras existenciales

Un famoso profesor espiritual se presentó a las puertas del palacio real. Como era un personaje conocido, ninguno de los guardias lo detuvo hasta que llegó a la misma sala del trono. El rey se encontraba sentado allí.

—¿Qué deseas? —preguntó el rey, que reconoció inmediatamente al visitante.

—Me gustaría dormir en esta posada —contestó el sabio.

—¡Pero esto no es una posada! —clamó el rey—. ¡Es mi magnífico palacio!

—¿Puedo preguntaros quién poseyó esta casa antes que vos?

—Mi padre, que está muerto —contestó el monarca.

—¿Y antes que él?

—Mi abuelo, que también está muerto.

—¿Y a un lugar donde van y vienen gentes de paso no lo llamáis posada?

En una ocasión, acudió a mi consulta un paciente llamado Raúl que me relató lo siguiente:

—A veces, me asusta el hecho de que estemos en este planeta girando, perdidos en la inmensidad de la galaxia. Si me pongo a pensar en ello, me lleno de ansiedad.

Y Raúl no era ningún tonto. De hecho, era un hombre de negocios importante, hecho a sí mismo. Pero cuando, de adolescente, dejó de creer en Dios, le entró este tipo de angustia existencial. También le daba miedo su propia muerte y, por lo tanto, era bastante hipocondríaco.

Mi intervención con él incluyó escuchar una canción. Me dirigí al equipo de música que tengo en mi consulta y puse «¿Quiénes somos? ¿De dónde venimos?» de uno de mis grupos favoritos de todos los tiempos: Siniestro Total.

Este tema rockero dice así:

> ¿Cuándo fue el gran estallido?
> ¿Dónde estamos antes de nacer?
> ¿Dónde está el eslabón perdido?
> ¿Se expande el universo? ¿Es cóncavo o convexo?
>
> ¿Quiénes somos? ¿De dónde venimos? ¿Adónde vamos?
> ¿Estamos solos en la galaxia o acompañados?
> ¿Y si existe un más allá? ¿Y si hay reencarnación?
>
> ¿Somos alma? ¿Somos materia?
> ¿Somos sólo fruto del azar?
> ¿Es eficaz el carbono 14?
> ¿Es nuestro antepasado el Hombre de Orce?

Los más jóvenes no conocerán a Siniestro Total, una banda gallega de los ochenta de punk-rock fenomenal, pero no hay mejor presentación de ellos que otro tema suyo: «Somos Siniestro Total» en el que se definen como «los que hacen el balance de los daños».

Siniestro Total es un grupo con mucha fuerza, letras pegadizas, frases demoledoras y mucho humor. Su música transmite amor por la vida, goce y desenfado. Justo lo que necesitamos los seres humanos.

Después de escuchar el tema, Raúl dijo:

—Vale, lo pillo. He de dejar de hacerme preguntas tontas acerca del sentido del universo, ¿no?

Efectivamente, **todo lo que hay que saber acerca del sentido de la vida es que nosotros somos parte de ella**. Somos hijos de la naturaleza. Siempre que armonizamos con ella nos encontramos muy bien. Cuando vamos a dar un paseo por la montaña, la visión de los bosques y sus sonidos armónicos nos llenan de paz. El agua cayendo por una cascada o una extensa pradera verde nos proporcionan una gran sensación de plenitud. Porque nuestro cerebro está íntimamente conectado a todo lo que nos rodea. Las cosas hermosas del mundo encienden nuestras neuronas y nos hacen sentir genial.

Como dicen mis amigos de Siniestro Total, no sabemos de dónde venimos ni adónde vamos, pero no importa: sabemos que procedemos de lugares benéficos y a ellos iremos a parar. Es más, es mucho mejor desconocer el sentido de la vida porque ello quiere decir que pertenecemos a algo tan enorme, tan inmenso, que no lo podemos comprender.

Los científicos no han hecho más que rascar algún conocimiento del universo, muy poco, pero ya nos avanzan que se trata de algo alucinantemente complejo y grande. Yo prefiero pertenecer a algo de tal entidad —aunque no lo comprenda— que a algo pequeño y aburrido.

Hace un tiempo leí que es probable que haya centenares de dimensiones de la realidad, pero nosotros no podemos captarlas. Según los físicos, esto haría posible que hubiese universos paralelos, realidades simultáneas... ¡Uau, esto es inimaginable incluso para los sesudos investigadores! Les sale en sus fórmulas matemáticas, pero nadie es capaz de visualizar algo semejante. ¡Pues así de inmensa es la cosa a la que pertenecemos! Y esto, a su vez, nos hace grandes a nosotros.

Como podría haber dicho Siniestro Total, «¡La ininteligibilidad de la naturaleza mola!» porque nos dice que **pertenecemos a algo extraordinario**, de proporciones enormes.

Soy una mosca

La muerte sigue siendo uno de los temas que más «neuras» produce. Como no la aceptamos, sufrimos en demasía cuando se nos muere un ser querido y las pasamos canutas cuando nos diagnostican una enfermedad grave. Todos esos miedos y pesares tienen que ver con una malísima comprensión de la vida y de la muerte.

Yo sé que las personas podemos tener otra actitud frente a la muerte —mucho más receptiva, menos temerosa— porque muchos grupos humanos a lo largo de la historia la han aceptado con naturalidad.

Los nativos americanos, uno de los pueblos más ecológicos que han existido, sentían por la «hermana muerte» respeto y simpatía. Cuando un abuelo así lo decidía, reunía a sus seres queridos para anunciarles lo siguiente: «Ya he vivido lo suficiente, hijos míos. Mañana partiré al encuentro del Gran Espíritu». Y, sin más, se iba solo hacia las montañas, sin comida, para morir. Y esto no es una mitificación de pelis de indios y vaqueros. Realmente, se lo tomaban así.

Hace ya un tiempo que afirmo en conferencias y medios de comunicación que **la muerte es buena y bonita**. Así como también lo es la vida. Como lo es cualquier manifestación de la naturaleza. Los seres vivos nacemos, crecemos, hacemos el amor y pasamos al otro barrio. Y menos mal que es así porque, en caso contrario, la inmortalidad provocaría unos problemas inmensos. Para empezar, habría una sobrepoblación insostenible en poco tiempo; además, no soportaríamos la idea de vivir para siempre: sería demasiado aburrido.

A mis pacientes hipocondríacos, que temen enfermizamente enfermar, les explico que somos como moscas que viven siete días.

—Fíjate bien: las moscas nacen, crecen, copulan, vuelan imperiales por el aire y, en poco más de una semana, ¡plash!, mueren. ¡Una vida fulgurante!

Nosotros también somos así: maravillosamente fulgurantes y vitales. Estamos de paso como el resto de los campeones de la naturaleza.

La muerte es buena y bella, como lo son los mares, las playas paradisíacas, los montes verdes y todos los seres vivos. Los indios americanos no seccionaban la naturaleza en lo «políticamente correcto o incorrecto»; para ellos, toda manifestación natural tenía su sentido, aunque ellos no lo comprendiesen.

¡Ay, Paquita, qué mal lo pasarás!

En una ocasión, me invitaron a un programa de radio de mucha audiencia y, en un momento dado de la entrevista, expresé mi opinión sobre la muerte. Enseguida llamó una oyente y entró en directo en la emisión. Dijo algo así:

—¡No entiendo cómo dejan que este psicólogo diga tales barbaridades! ¡Es una falta de respeto! La muerte no es nada bonita. Mi marido está muerto y yo no dejo de llorarlo todos los días. ¡Es muy duro para mí!

Yo creí entender que su marido había muerto hacía tres meses, así que le dije:

—Vamos a ver: si hace tan poco que perdió a su esposo, entiendo su pesar. Necesita un poco de tiempo para recuperarse.

A lo que ella replicó, en el mismo tono airado del inicio:

—¿Cómo 3 meses? ¡Si mi marido murió hace 14 años!
Todos los presentes nos miramos y alzamos las cejas
en señal de sorpresa. Esa señora de unos sesenta y
largos llevaba bloqueada todo ese tiempo en el dolor
del duelo. Así que intenté ayudarla diciendo:

—Mire: si su marido estuviese viéndola desde el cielo,
¿qué le diría a usted? ¿No le animaría a que dejase de
llorar y disfrutase sus últimos años?
A lo que ella respondió:

—¡Ni en broma! Sus últimas palabras en el lecho de
muerte fueron: «Ay, Paquita, qué mal lo vas a pasar
sin mí».

Todos en la emisora expresamos nuestro asombro ante tal filosofía de la muerte. ¡Paquita se había tomado como un mandato esas palabras de su marido! Cuando seguramente él no quiso «ordenarle» estar deprimida, sino que se lamentaba de su nociva dependencia.

Y es que **pensar mal sobre la muerte, tenerle manía, no aceptarla, es un pasaporte para la neurosis**.

Dentro de poco le sigues tú

Hace mucho tiempo que, en los entierros, les digo a mis amigos que han perdido a un ser querido: «Aprovecha la vida porque tú vas rápido detrás».

Ya no doy el pésame ni me lamento de la muerte porque creo que, con ello, les hacemos un flaco favor a los demás. Si expresamos tristeza, transmitimos que lo sucedido es malo, que el fallecido no debería haber muerto y ése es el mensaje que capta la persona en duelo. Así, tardará más en superarlo.

Y es que toda muerte es lógica: **la gente se muere y eso es un proceso natural del ser humano**.

Muy cerca de mi consulta, en la calle Córcega de Barcelona, se reúnen grupos de duelo. Hay un gran local con muchas salas dedicadas a eso. Yo estoy en contra de ese método de trabajo: no hay nada peor que reunirse periódicamente para hablar de los decesos de las personas queridas.

He tenido más de un paciente que ha participado en esos mismos grupos y que, tiempo después, ha acudido a mi consulta a que le ayudase de verdad a superar la muerte de su esposo o hijo.

Reunirse para hablar de la muerte de alguien es nocivo porque lo que hacemos es lamentarnos, reforzarnos los unos a los otros en nuestra depresión.

Para entender este fenómeno, suelo ponerles a los pacientes el siguiente ejemplo:

—¿Te imaginas que nos reuniésemos los hombres para procesar el duelo por la pérdida del cabello?

—¡No me lo imagino! —dicen riendo.

—Sí: nos juntaríamos cinco o seis para explicar nuestra experiencia con las entradas, cuando ves los pelos en la almohada, cómo te fijas en las melenas sanas de algunos amigos y les envidias secretamente... —bromeo.

—¡Sí! Y todos llorando... —se animan a decir.

Todos nos damos cuenta de que organizar un grupo de duelo por la alopecia sería friki y contraproducente porque ¡es normal que a los hombres se nos caiga el pelo! ¡Sí, incluso prematuramente! Unas personas que se reuniesen para procesar eso, en realidad, le estarían dando demasiada importancia al tema.

De la misma forma, estoy seguro de que los nativos americanos de antaño tampoco entenderían por qué los «blancos» se reúnen durante meses y años para seguir procesando la muerte de alguien. Porque **la muerte no tiene nada de malo**: todo lo contrario, es un proceso natural importantísimo para el correcto funcionamiento del universo.

Mi intervención en los casos de pérdidas es hacer entender a la persona que:

- No ha pasado nada extraño ni malo.
- La vida es muy corta y no hay tiempo para quejas.
- Si hay algo que podríamos hacer en honor del difunto es disfrutar de la vida, pues es eso lo que él o ella desearía.

Sigmund Freud y mi abuelo

Cuando doy conferencias sobre la hipocondría y la muerte, siempre hay alguien entre el público que me hace la siguiente observación:

—Rafael, lo que dices está bien, pero lo que no se puede superar es la muerte de un hijo. Eso no es natural.

Y mi réplica siempre es la siguiente:

—Amigo mío: no hay nada más natural que la muerte, incluso la prematura. Además, por otro lado, abre tu mente: ¡claro que hay gente que lo supera! Ahora, pregúntate: ¿qué tipo de persona quieres ser tú? ¿De los que finalmente lo hacen o de los que arruinan su vida entre lamentos?

Yo no creo en el psicoanálisis y tengo poderosas razones para criticarlo. Sin embargo, en mi biblioteca el mayor número de libros que atesoro siguen siendo los dedicados a Freud. Sus obras completas y un montón de biografías.

Leyendo los relatos sobre su vida, me ha llamado la atención el hecho de que Sigmund Freud tuvo muchos hijos, de los cuales murieron casi la mitad. ¡Y eso que él era rico y médico! Y es que, no hace mucho, a principios del siglo XX, en cualquier familia europea, morían casi la mitad de los niños.

En la época de nuestros abuelos y tatarabuelos, la mortalidad infantil era alta y prácticamente todos los padres lo superaban. En aquellos tiempos nadie hubiese dicho que la muerte de un hijo es «insuperable». Lo que ha cambiado es nuestra filosofía acerca de la muerte.

En aquella época no se había puesto de moda la «ficción de la inmortalidad» en la que vivimos ahora. Nos hemos apartado tanto de la realidad de la muerte que **vivimos como si nadie fuese a morir, y eso es falso y nocivo**. Pronto moriremos todos, y no pasa nada. Lo único cierto es que la vida es fulgurante y eso la hace más hermosa.

En este capítulo hemos aprendido que:

- Tenemos que esforzarnos para comprender que la muerte es buena.
- Incluso la mortalidad infantil es un hecho inevitable que cumple una función.
- El desconocimiento del sentido último de la vida es positivo, pues nos dice que pertenecemos a un universo fantásticamente enorme y complejo.

.
....
.
....
.
....
....
....
....
....
....

Cambiar a los DEMÁS

16

Cambiar a los demás

Hace un tiempo, un padre me trajo a su hijo a la consulta. Pau tenía unos 14 años y era un chaval alto, bien parecido, muy listo, pero un desastre en el cole y en casa. De hecho, lo había suspendido prácticamente todo. Tras la muerte de su madre hacía un par de años, mostraba una actitud pésima y se juntaba con lo peorcito de su clase.

Como sus nuevos amiguetes, Pau se comportaba como un perfecto pasota dentro y fuera de la escuela. En casa, casi no le hablaba a su padre y cuando lo hacía, era para insultarle. Y puedo asegurar que su padre era muy buena persona, un trozo de pan.

Entablé la siguiente conversación con el muchacho:

—Me ha contado tu padre que has suspendido todo y que vas a repetir curso, ¿no? ¿Qué me dices de eso?

—No me gusta el cole. Paso de estudiar —me respondió en un tono inaudible que se está poniendo de moda entre algunos chavales. No te miran a los ojos, casi no te hablan, te evitan...

—Ah, ¿y qué vas a hacer el día de mañana? —le inquirí.

—No sé. Trabajar de lo que sea.

Toda la terapia que hice con Pau consistió en tres sesiones espaciadas a lo largo de unos seis meses. Cuando vino a la segunda visita —al cabo de dos meses—, ya aprobaba todas las asignaturas, había dejado de ir con los «malos» y trataba mucho mejor a su padre. En la tercera y última sesión, ya sacaba una media de notable.

Y como sucede a menudo en el maravilloso trabajo que tengo la suerte de realizar, Pau y yo nos hicimos amigos. Recuerdo su expresión de cariño sincero cuando nos despedimos finalmente: me miraba como a un socio que le había enseñado algo *guay* de la vida.

¿Cómo se produjo el milagro? No fue difícil. Simplemente seguí lo que yo creo que son las pautas para la educación de cualquiera, niños y adultos. Si queremos convertirnos en personas capaces de transformar a los demás, tendremos que seguir los siguientes dos pasos:

- «Vender» las ventajas del cambio.
- Enseñar la tecnología para lograrlo.

Veamos en qué consisten:

Todos somos buenos

En la década de los ochenta, Mike Tyson fue campeón de los pesos pesados en dos ocasiones. Le apodaban «el Tanque» y «el hombre más malo del planeta» y entró en los anales de la historia del deporte porque fue el único púgil en practicar el «boxeo relámpago»: noqueaba a sus adversarios en tres o cuatro minutos. Ya está: acabado el combate. Un solo golpe de su demoledor puño hacía caer inconscientes a tipos de 120 kilos, entrenados para recibir largas palizas.

Fue uno de los deportistas más ricos del planeta, con 300 millones de euros de ganancias, aunque se arruinó completamente antes de los 40.

Tyson tenía —y tiene— realmente cara de malo y, entre sus fechorías se cuenta arrancar de un mordisco un pedazo de oreja de su máximo rival, Evander Holyfield, y violar a una chica por lo que pasó tres años entre rejas.

Hace poco vi un documental sobre el Tanque, tras su cambio de vida —porque sí, cambió—. En esa peli, él mismo confiesa: «Estaba muy mal. Mi niñez como niño abandonado en el Bronx me enloqueció y mi única visión del mundo era "pega antes de que lo hagan los demás". No sabía que allá fuera hubiera personas capaces de crear un entorno de amor. Pensaba que algunos lo aparentaban, pero que, en realidad, mentían con las peores intenciones».

Mike Tyson tuvo que arruinarse y pasar por la cárcel para cambiar. Pero tuvo suerte porque muchos no lo hacen ni por ésas. A él le ayudó un recluso que se pegó a él con la firme determinación de ganarle para el islam. El ejemplo de Tyson nos puede servir para comprender el punto de arranque para llegar a ser alguien transformador.

A la hora de educar a un chaval, a un amigo, a un compañero de trabajo, a tu pareja... hay que tener siempre en cuenta que, cuando una persona hace algo «malo», siempre actúa en base a lo que él cree que es la mejor solución para su vida.

En ese sentido, hay que respetar su visión del mundo. En ese momento, con su experiencia y sabiduría, eso es lo mejor que sabe hacer: ya sea esnifar droga todo el día o robar en un supermercado a punta de navaja. Sin su «solución», tal y como él ve las cosas en ese momento, estaría perdido, sería muy infeliz. Sin su agresividad desbocada, Tyson se hubiese hundido en su oscuro mundo del Bronx, entre proxenetas y traficantes.

Y es que **todos los seres humanos deseamos, en primer lugar, ser felices**. Lo que sucede es que, muchas veces, andamos confundidos —igual que Tyson— y pensamos que el único camino para la felicidad discurre:

> a) Por el egoísmo exacerbado.
> b) Por la búsqueda de comodidad a toda costa.

Para hacer cambiar a un chaval como Pau —o a nuestra pareja— hay que demostrarle que existen mejores caminos para llegar a ser felices: mucho más sólidos y armónicos. Lo creamos o no, estos jóvenes no se han dado cuenta de ello. Creen hacer lo correcto, dadas sus circunstancias, y esto hay que respetarlo. Ahora bien, nosotros les podemos «vender» otro camino.

¿No estarás, en realidad, pringando? ☺

Mi primera estrategia siempre pasa por evaluar el nivel de felicidad de la persona que queremos cambiar. En qué medida posee alegría cotidiana, armonía interior y autoestima. Y en el caso de que no sea así —lo cual es lo habitual—, hacerle ver que hay otras posibilidades.

Recuerdo lo que hablamos Pau y yo aquel día:

—Dime, ¿cómo lo pasas en el cole?

—Es un rollo. Odio tener que ir. En cuanto acabe la ESO, no vuelvo a pisar la escuela —dijo con aire de superioridad.

—Pero te quedan dos años de condena, ¿verdad? ¡Yo no sé si lo aguantaría!

¡Y fui sincero! Con lo que sé ahora de la vida, sería para mí bastante fastidioso tener que soportar la situación de Pau. Porque la solución que había encontrado el chico para el problema del colegio era la peor de todas: ¡un aburrimiento y una lacra para su autoestima! Se lo demostré con una historia personal:

—Cuando yo era pequeño, tuve una experiencia muy inusual. Hasta quinto año de primaria, era un «fracaso escolar», suspendía siempre tres o cuatro asignaturas; las más difíciles, claro: mates, sociales, naturales...

»La verdad es que, como a ti, no me gustaba ir al cole. Siempre que podía, fingía estar enfermo y me quedaba en casa.

»Y es que el cole era un suplicio. ¡Superaburrido! Y cuando el profe me preguntaba algo, ¡lo pasaba fatal! Además, una vez acabado el curso, el problema me perseguía: en septiembre tenía esos malditos exámenes de recuperación: ¡qué palo!

»Pero la verdad, Pau, es que yo no me enteraba de nada en clase.

»Recuerdo que, una vez, mi madre vino a buscarme al cole. Salimos juntos y nos acompañó la profesora un trozo. Entonces, rutinariamente, mi madre preguntó: "¿Rafa, tienes deberes hoy?". Yo, inocentemente, respondí: "No".

»Me acuerdo perfectamente de la reacción de la "seño": "¡¿Cómo que no?! ¡Pero si hay unas divisiones y una lectura! ¿Dónde ha estado tu cabeza hoy?".

»La verdad es que mi cabeza había estado ausentísima todo el día y ésa era la tónica general.

»Hasta que al llegar a sexto todo cambió. Se produjo en mí un cambio radical. En un lapso de tres años a partir de entonces, pasé de ser de "los peores" a ser de "los mejores" de mi clase. Y, mirando hacia atrás, todo se debió a que me di cuenta de que estaba pringando y que el mejor modo de estar en el cole, el más cómodo, era sacar todo sobresalientes. Y lo más fuerte es que me di cuenta de que era bastante fácil lograrlo.

»Mi transformación fue tan bonita que mi secundaria fue maravillosa. Durante esos años del BUP y el COU me sentí superbién en el cole: disfrutaba en clase porque participaba, los profesores me tenían en consideración y proyectaba un ilusionante futuro académico y profesional.

»Y lo mejor de todo es que ¡me resultaba fácil!

»Descubrí que sólo tenía que:

> a) Estar superatento durante las lecciones.
>
> b) Llevar una agenda de los deberes y exámenes.
>
> c) Estudiar un poquito en casa todos los días.

»**¡Sólo esas tres cosas!**

»¡No era tanto esfuerzo! Y una vez acabado el curso: no volvía a saber del cole hasta septiembre: ¡todo el verano libre para mí!

»Tal fue mi cambio que estudiar se transformó en un placer y, en la actualidad, dedico buena parte de mi tiempo a hacerlo y pienso seguir haciéndolo toda la vida.

Cuando acabé de explicarle esta historia, los ojos de Pau me miraban fijamente. Estaban como encendidos. Había mordido el anzuelo: sin reproches ni amenazas, mi nueva visión del cole le había seducido. Porque, ¿quién no desea mejorar hasta sentirse un campeón?

Y con ello llegamos a la conclusión de que todo proceso educativo tiene que empezar por la **persuasión**. Cualquier cambio no escogido por uno mismo, no es sincero y, por lo tanto, será mediocre y pasajero, si es que se produce.

Cambiar, aprender a hacer las cosas de otra forma, necesita de empuje, mucha energía y, por tanto, ilusión. Y esa motivación sólo la obtendremos en una persona que esté poseída por la visión del cambio.

Sin embargo, los padres y educadores, a menudo, recurren al temor para obtener esa transformación. Esas fuerzas son mediocres, cuando no completamente inútiles.

La tecnología de las cosas cotidianas

Los adultos erramos muchas veces en la educación de los niños —y en la de otros adultos también— porque damos por supuesto que los demás «deben saber hacer las cosas bien». Nos parece que si los otros no se comportan como es debido es porque no quieren hacerlo: son vagos, descuidados, malos «a cosa hecha». Y, la mayor parte de las veces —casi todas—, no es así.

Por extraño que parezca, el verdadero problema de esos chavales es que no conocen la tecnología necesaria para realizar el cambio. Porque, además de querer conseguir un cambio, necesitamos adquirir una técnica para lograrlo.

Y eso sucede también con los adultos. Damos por supuesto que nuestra pareja sabe limpiar, ser ordenado/a o puntual porque nosotros ya sabemos hacerlo. Pero si no nos tomamos la molestia de enseñarle, es muy difícil que alguna vez lo haga bien y que llegue a encontrarle el gustillo a hacerlo.

Podremos entenderlo con una de las tareas que yo empleo en mi consulta: «El juego para aprender a ser puntual».

En una ocasión traté el caso de un matrimonio joven que discutía mucho. Les pregunté:

—Dadme un ejemplo de vuestras interacciones: ¿existe

algo por lo que discutáis cada semana, dale que te pego, y que no resolváis nunca?

—Sí, el tema de la puntualidad. Ella es muy impuntual. Siempre llega tarde; llevo toda la vida esperándola, desde novios. Y eso me da mucha rabia. ¡Es una falta de respeto increíble!

Ella me dio su versión:

—Es verdad que llego tarde, pero es algo que no puedo evitar. Toda mi familia ha llegado siempre tarde a todo. ¡Debe de ser genético! Pero no sabes cómo se pone él por esperar un poquito. Me ha llegado a insultar y ¡eso sí que es inaceptable!

Yo les propuse:

—Vamos a hacer un juego para que tú, María, aprendas a llegar a tiempo a los sitios. Y tú, Manel, aprendas a enseñar a los demás. Consiste en que a partir de ahora, cuando tengáis una cita, el que llegue tarde tendrá que pagar una penalización. El que se demore más de diez minutos pagará una bebida al otro ese mismo día. Si el tardón se demora más de quince minutos, entonces, pagará una buena merienda. Finalmente, el que llegue más de veinte minutos tarde, desembolsará los costes de una cena fuera.

Los dos aceptaron alegremente el juego y, en muy poco tiempo, ella aprendió a ser puntual. Sólo pagó dos veces la penalización establecida.

De hecho, sesiones más tarde, ella me llegó a decir:

—Rafael, he descubierto que, para ser puntual, es necesario intentar llegar antes de la hora establecida. Ahora llego siempre con una antelación de un cuarto de hora y me espero en una cafetería mientras me tomo un té. De esa forma, si me surge cualquier imprevisto, voy con tiempo sobrante.

Esta mujer de 33 años había aprendido —por primera vez en su vida— la tecnología de la puntualidad. Su pareja no se daba cuenta —tampoco ella— de que los seres humanos no nacemos «aprendidos» y que **toda habilidad requiere un descubrimiento, un método y un ejercicio**.

Los padres y educadores a menudo incurren en el fallo de dar por supuesto que el niño sabe realizar las tareas que les exigen. Se equivocan: ¡muchas veces no han adquirido simples tecnologías que se aprenden con un poco de imaginación y práctica!

Pau se consideraba un «tonto» para los estudios, pero no era así. Simplemente no conocía la triple técnica del estudio: **estar atento, llevar una agenda y estudiar en casa**. Las tres medidas, combinadas a la vez, eran todo el secreto para convertirse en un estudiante ejemplar. Para pasar del infierno al cielo, de ser un fracaso a sentirse un campeón.

Después de contarle mi historia en el colegio, los ojos de Pau me gritaban: «¡Enséñame a hacerlo!». Y, simplemente, le mostré el camino para lograrlo.

Escuelas libres

Cuando cursaba primero de psicología, vino a dar una charla un tipo mayor, casi ciego, que había sido maestro durante toda su vida. Antes de la Guerra Civil española, había dirigido una escuela de la Institución Libre de Enseñanza, una de las primeras en nuestro país. Nos habló durante una hora de las maravillas de ese lugar.

Por supuesto, el franquismo prohibió experiencias posteriores de ese tipo, pero los alumnos que allí estudiaron tuvieron el privilegio de aprender una visión de la vida diferente que no olvidarían jamás.

Básicamente, una escuela libre es un lugar donde los chicos pueden ir a clase o no. No existen exámenes ni obligatoriedad de estudiar. Si lo desean, pueden pasar toda la jornada en el patio jugando a la pelota. Los profesores están en las aulas, con las puertas abiertas, impartiendo asignaturas, y depende de su habilidad el tener los pupitres llenos o vacíos.

Yo siempre he pensado —incluso cuando ya era un buen estudiante— que la escuela convencional es una gran pérdida de tiempo. Si me paro a pensar, la mayor parte de las cosas que sé las he aprendido yo solo, fuera del colegio. Al margen de las operaciones matemáticas básicas y de leer y escribir, no recuerdo nada de lo que me enseñaron allí. No recuerdo ni un maldito río, ni cómo hacer raíces cuadradas, ni las partes de una flor...

¡Once años seguidos de escolarización! ¡Seis o siete horas diarias de estudio! ¿Para arrojar ese triste resultado? ¿No es esto uno de los mayores fracasos de la historia de la humanidad?

Estoy seguro de que si ese esfuerzo estuviese bien invertido, la mayoría de los niños se podrían convertir en genios de la música, de las matemáticas o del arte.

Pensémoslo bien: si pudiésemos estudiar ahora, de adultos, once años seguidos de algo que de verdad nos interesase: ¿no alcanzaríamos niveles fantásticos? ¡Pues los niños tienen una capacidad de aprendizaje mucho mayor!

Y es que el problema de nuestras escuelas es que existe la obligatoriedad de estudiar y eso mata la curiosidad, que es la verdadera madre del aprendizaje. Los padres y profesores no confían en los niños, en sus ganas de hacer las cosas bien, de aprender, de hacer cosas bellas y tienen un temor irracional a que los niños crezcan sin los conocimientos necesarios para competir en el mundo adulto.

Al final, las escuelas son lugares donde se enseña a temer a la vida y a los demás. No es de extrañar que los jóvenes más atrevidos se rebelen y se pongan en contra de esta sociedad del miedo. Los niños que pasan por el aro, aprenden a mentir, a «competir» en vez de compartir y a temer a los demás y a la vida. ¡Y todo ello para aprender las cuatro reglas de la escritura y las mates más básicas! ¡Vaya negocio!

Nuevas asignaturas

En un mundo ideal el mayor objetivo de la educación sería enseñar «calidad humana»: **cómo ser mejor persona, cómo entablar relaciones de amor y colaboración entre los demás**. Sin duda, ésa sería la asignatura principal, a mucha distancia de todas las demás.

El segundo objetivo sería **enseñar a los niños a apreciar «el saber» como herramienta para el bien común, para divertirse, no para competir**. Por lo tanto, toda enseñanza debería ser opcional.

¿No sería esta una escuela maravillosa?

Las experiencias con escuelas libres han sido un éxito rotundo. En Gran Bretaña, la famosa Summerhill lleva enseñando con este sistema más de setenta años y los chicos que han salido de allí aman a su escuela casi más que a sus padres. Entre ellos hay insignes matemáticos, músicos y médicos, y también artesanos, electricistas y cocineros. Pero, sobre todo, son personas armónicas, seguras de sí mismas y felices.

Hace poco, leí la autobiografía de una de las mayores personalidades del siglo xx, sir Winston Churchill, primer ministro de Gran Bretaña durante la Segunda Guerra Mundial, uno de los vencedores de Hitler. Churchill, aparte de político, fue escritor y recibió el premio Nobel en 1953. Él mismo describe así su época escolar:

Por fin llegó el día en que puse fin a casi doce años de colegio. Treinta y seis trimestres durante los cuales rara vez aprendí algo de interés ni utilidad. Volviendo la vista atrás, aquellos años forman el período más estéril de mi vida. Fui feliz de niño con todos mis juguetes en mi cuarto y he sido cada vez más feliz desde que me hice hombre. Sin embargo, esa etapa escolar arroja un sombrío y oscuro borrón en mi periplo vital.

En realidad, una educación prolongada, indispensable para que la sociedad avance, no es un proceso natural para el ser humano. Va contra su propio ser. A un chico lo que le gustaría es seguir a su padre en busca de alimento o una presa. Le gustaría hacer cosas prácticas hasta donde le permitieran sus fuerzas. Le agradaría ganar un sueldo, por pequeño que fuera, para contribuir a mantener el hogar. Le encantaría disponer de tiempo y aprovecharlo o

> malgastarlo como quisiera. Y entonces, quizá por las
> tardes, un verdadero deseo de aprender nacería de
> los chicos más prometedores. Pero ¿por qué inculcarlo
> a la fuerza en los que no tienen interés?

Así y sólo así es como se abren las «ventanas mágicas» de la inteligencia.

El secreto es la libertad

En mis charlas sobre educación siempre hablo de la libertad. **Cualquier cambio, para ser profundo y duradero, debe ser voluntario**, porque en caso de ser forzado, no lo hacemos nuestro, no lo retenemos.

En muchos hogares de todo el mundo se suceden escenas educativas como ésta:

> Nuestra madre entra en casa y ve que hemos dejado las zapatillas de deporte en medio del salón. Se enfada y nos dice:
> —¡Te he dicho mil veces que dejes las cosas bien puestas! ¡Pon inmediatamente esas zapatillas en el zapatero!

La pregunta es la siguiente: si obedecemos y las guardamos en su sitio, ¿tiene mérito nuestra acción? No, el cumplimiento de un mandato nunca lo tiene. Porque cualquier acción forzada no produce sensación de bienestar, de dominio, de realización.

Lo máximo que va a hacer un niño en esas circunstancias es obedecer; no transformarse. El resultado es que nunca retendrá ese aprendizaje.

Yo siempre recomiendo otro modo de educar:

—Hijo, atiende: dejar siempre las zapatillas en el zapatero tiene las siguientes ventajas: la casa está más bonita y siempre sabes dónde están las cosas; así no perderás el tiempo buscándolas. ¡Es muy fácil acostumbrarse a ese tipo de orden! Tú podrías conseguirlo, pero si no lo haces, no pasa nada, yo lo haré siempre por ti. Sería genial que adquirieses ese hábito, pero tampoco pasará nada si no lo haces.

Cuando sugerimos el cambio de esa forma, esto es, de forma voluntaria, puede suceder que el niño ponga las zapatillas o no en su lugar, pero si lo hace, lo hará por siempre jamás, sin necesidad de repetírselo.

Los seres humanos incorporamos fácilmente aquellos hábitos que nos reportan bienestar, que nos hacen sentir bien. Pero se tiene que tratar de acciones voluntarias que arrojan mérito y nos otorgan orgullo personal.

Todavía no he conocido al niño que resista la tentación de probar a hacer algo muy bien. Y es que el día que deje —voluntariamente— las zapatillas en el zapatero, se sentirá genial: más adulto, más capaz y más fuerte.

Si enseñamos de esta forma, seremos testigos de escenas tan divertidas como ésta: el chaval le dirá un día a su hermano pequeño:

—¿No sabes dejar las zapatillas en su sitio? Yo te enseño: su lugar es el zapatero: ¡así la casa queda bonita y ordenada y siempre sabrás dónde están cuando las busques!

Ese niño habrá incorporado el cambio a su repertorio de habilidades y costumbres para el resto de su vida. ¡Eso sí es negocio!

Toda adquisición duradera y valiosa tiene que ser fruto del interés, la curiosidad, la diversión y el mérito. Todo lo demás es una enorme pérdida de tiempo y energía: es mala educación.

Montessori y otros locos valiosos

Maria Montessori fue la primera italiana en obtener el título de médico, a principios del siglo xx. Para conseguirlo, tuvo que superar la oposición de profesores, compañeros y hasta de su propio padre. El decano de la facultad, que era un tipo progresista, la dejaba entrar por la puerta de los carruajes sólo cuando el resto de los alumnos estuviesen ya sentados. Para no escandalizar a nadie.

Casi nadie la quería en la universidad, pero era tan inteligente y perseverante que no podían detenerla. Habría ido a reclamar al propio presidente de la República para lograrlo. Una vez obtenido el título, Maria se especializó en psiquiatría y trabajó en un asilo para enfermos mentales.

Para empezar —¡como mujer que era!— sólo le dejaron atender a los niños y la joven Montessori ideó un programa de enseñanza para retrasados mentales que, en poco tiempo, causaría sensación. Para la sorpresa de todos, sus chicos aprendían a leer y escribir como los demás. Un periódico de la época la describió así: «La doctora milagro: vuelve inteligentes a los idiotas».

Pero eso no fue nada en comparación con el momento en que sus primeros alumnos se presentaron a los exámenes oficiales del graduado escolar del Estado italiano y ¡los aprobaron!

Este sorprendente resultado la impulsó a dedicarse a la pedagogía. Como ella misma escribió:

> Mientras todos admiraban los progresos de mis chicos, yo pensaba en las razones que podían mantener a los alumnos de las escuelas públicas en un nivel tan bajo que podían ser alcanzados por los míos.

Montessori creó entonces un sistema de enseñanza libre, fundada en la bondad y en la confianza, que ha tenido unos resultados fantásticos a lo largo del tiempo.

La experiencia de las escuelas Montessori —que en la actualidad se encuentran por todo el mundo— demuestra, una vez más, que **las personas aprenden mucho más en libertad que por obligación**. Los niños de esos colegios aprenden incluso disciplina sólo por medio del amor. De hecho, la norma principal es que nadie puede imponer ningún conocimiento a nadie. El profesor sólo muestra con paciencia unos posibles resultados y espera que el niño desee llegar a ello. Con el ejemplo, éste aprende; a su ritmo, disfrutando. Después, depende de él mismo mantener esa nueva conducta. Y, por supuesto, prácticamente todos la siguen. Como decíamos antes, ¿quién no desea hacer algo claramente ventajoso?

Para terminar con este ejemplo educativo, veamos la descripción que hizo la propia Montessori de sus escuelas:

Una de las cosas que más maravillan a los que visitan nuestras escuelas es la disciplina colectiva que impera en ellas. Cincuenta o sesenta niños de 3 a 6 años, a una señal, saben callar, todos juntos. Y se produce el mismo silencio que el de una habitación vacía. Y si una voz suave les dice: «levantaos, caminad un poco de puntillas y volved a vuestros sitios en silencio, todos juntos, como una sola persona», se levantan y andan haciendo el menor ruido posible. La maestra ha hablado a cada uno en particular y cada niño espera que su acción le reportará una luz y un gozo interno y por eso se mueve atento y obediente como un explorador ansioso que sigue su camino.

Y en otro momento:

Estamos llenos de prejuicios referentes a la psicología del niño. Hasta ahora hemos querido domar a los niños con disciplina externa, en vez de conquistarlos para poder dirigirlos como almas humanas que son. Pero si renunciamos a la violencia con que ilusoriamente hemos querido disciplinarlos, ellos se manifestarán tal y como son. Su carácter es tan suave que reconoceremos el verdadero carácter del ser humano. Su amor al saber es tan grande que supera cualquier otro amor.

Para finalizar, recordemos que estas ideas educativas no sólo se refieren a los niños, sino también a los adultos. Si queremos cambiar a alguien, intentémoslo así. Y si queremos cambiarnos a nosotros mismos, ¡también!

Cualquier cosa que no sepamos realizar, que nos llene de ansiedad, requiere:

- Confianza en que existe una forma de dominar el tema y disfrutar con él.
- Una tecnología maravillosa para lograrlo.

No des por sentado que «deberías» saber hacer las cosas, sé imaginativo a la hora de encontrar métodos de aprendizaje y ten hermosas expectativas al respecto: dominar las situaciones produce un enorme placer.

La mejor forma de estar en el «cole» —o en la vida— es sacar todo sobresalientes. Podemos hacerlo en todos los ámbitos de nuestra vida. Pero eso sí: renunciemos a los castigos y las luchas. Eso es simplemente absurdo.

En este capítulo hemos aprendido que:

- Las personas fallamos no por maldad, sino porque creemos que ésa es la mejor forma de vivir disponible.
- Existen dos pasos para facilitar el cambio en los demás:
    1. «Vender» las ventajas del cambio.
    2. Enseñar la tecnología para lograrlo.
- Si no convencemos al otro del cambio, el problema es nuestro.
- Damos por sentado que el otro sabe hacer las cosas y eso, muchas veces, no es así: hay una tecnología para todo.
- El cambio o es voluntario o no será.

Superar los celos

Nan-in, un maestro japonés que vivió en la Era Meiji, recibió la visita de un insigne profesor. Era nada menos que el catedrático de Religiones Comparadas de la Universidad de Tokio.

La secretaria del profesor había avisado con antelación de la llegada de su jefe remarcando que no disponía de mucho tiempo, pues tenía que regresar a sus tareas en la universidad.

Cuando llegó, saludó al maestro y, sin más preámbulos, le preguntó por el sentido de la vida. Nan-in le ofreció té y se lo sirvió con toda la calma del mundo. Y aunque la taza del visitante ya estaba llena, el maestro siguió vertiéndolo.

El profesor, viendo que el té se derramaba, no pudo contenerse:

—Pero ¿no se da cuenta de que está completamente llena? ¡Ya no cabe ni una gota más!

—Al igual que esta taza —respondió Nan-in sin abandonar su amable sonrisa—, usted está lleno de sus opiniones. ¿Cómo podría explicarle el sentido de la vida si primero no vacía su taza?

El presente capítulo requiere una gran dosis de apertura mental. Recordemos que para transformarnos, tenemos que plantearnos otras visiones de la realidad. Si un depresivo acude a mi consulta y estamos siempre de acuerdo, ¿cambiará en algo su pensamiento? Tener apertura de mente no significa aceptarlo todo a pie juntillas: eso sería sectarismo, sino dejar en suspenso el juicio hasta haber entendido bien los conceptos.

¿Quién no ha experimentado alguna vez la desagradable emoción de los celos? Recuerdo algunos de mis propios ataques y no me gustan nada las imágenes que vienen a mi mente: en esos momentos desaparecía la persona afable y feliz para comparecer un lobo herido y sangriento.

El odio teñía mi mente: ¿cómo se atrevía ese usurpador —tan seguro de sí mismo— a entrar en mi terreno y llevarse lo más íntimo?

En sólo unos segundos me fijaba en las cualidades superiores de mi rival: ¿más alto, más guapo, moderno o elegante? Evaluaba sus capacidades para robarme a mi pareja y siempre salía perdiendo. ¡Qué golpe para mi autoestima!

Pero también estaba la traición. Me consumía el pensar que mi pareja rompía un pacto sagrado que teníamos establecido.

¡Qué bonita combinación de emociones nocivas!: odio, inferioridad y traición. Uf, ¡eso hace pupa!

Y para añadirle más dosis de estupidez a mi reacción, en las tres o cuatro ocasiones que he sentido esos celos intensos, se trataba de sospechas infundadas.

Qué alivio siento al poder afirmar que, en la actualidad, soy muy poco celoso. Muchísimo menos que antes. Y lo he logrado, simplemente, trabajando mi diálogo interno, cambiando —radicalmente— mi filosofía acerca del amor y del sexo.

A todos nos interesa trabajar el tema de los celos porque se trata de un ejercicio buenísimo de terapia racional. **Al final del proceso, al margen de los celos, seremos personas más maduras y flexibles en general.**

Una agente de la CIA en mi consulta

En una ocasión, vino a verme Noelia, una mujer guapísima, inteligente y muy simpática: una joya de persona de unos treinta y largos. Pero ese bombón traía consigo un relleno bien amargo: tenía un problema agudísimo de celos. Noelia se daba cuenta de que sus emociones eran muy exageradas, pero no las podía frenar.

Vivía con su chico desde hacía un par de años y, en ese tiempo, según ella misma decía:

«Me he vuelto como una agente de la CIA. Entramos en un restaurante y, en cuestión de segundos, sitúo la posición de las chicas guapas. Después, durante toda la cena, controlo cualquier mirada de mi novio. A través de un espejo, por ejemplo. Si él se fija en las chicas, la velada acaba como el rosario de la aurora».

Noelia era celosa de las miradas. No podía soportar que su novio mirase a otras chicas, que le atrajesen lo más mínimo. Y prácticamente todas las semanas tenían una discusión monumental que acababa por poner en peligro la relación. Me dijo:

—Ha llegado a un punto en que no disfruto de ninguna salida con él. Y lo peor son las vacaciones, porque a los dos nos gusta la playa. El año pasado fuimos a Formentera. Imagínate: ¡la isla de las adolescentes en pelotas! De poco no me da un síncope.

Recuerdo que un día Noelia acudió a mi consulta muy nerviosa. Acababa de tener lugar uno de esos brotes de celos.

—Juan me ha acompañado a la consulta. Veníamos caminando por esta misma calle y, joder, ha pasado un grupo de cuatro niñas de 14 o 15 años... Y, ¿sabes lo que ha pasado? ¡¿Te lo imaginas?! —me preguntó casi gritando.

—¡No me digas más! ¡El cerdo de tu novio las ha mirado! —respondí yo simulando sorpresa e indignación.

Noelia, encendida como estaba, no se daba cuenta de que bromeaba y añadió:

—¡Sí, Rafael! ¡Esto es lo último! ¿Qué clase de pervertido está hecho? —dijo ahora casi llorando.

Seguí con la farsa, aunque incrementando mi reacción para que fuese viendo que, en realidad, no estaba de acuerdo con su visión.

> —¡Tu novio es un pederasta y un salido! —añadí.
> Noelia se limpió las lágrimas, frunció el entrecejo
> como un boxeador antes de un golpe de derechas y
> soltó:
> —Pero, Rafael, te lo tengo que decir: ¡no veas cómo
> se visten estas golfas!

Noelia era celosa en un grado bastante alto. En una escala de 0 a 10, le asignaríamos un 8. No podía soportar que su novio pudiese desear a otras mujeres, aunque nunca llegase a concretar ninguna infidelidad. Para ir bien, ¡Noelia necesitaba un novio que sólo tuviese ojos para ella!

En casos así, **¿se puede dejar de ser celoso? La respuesta es afirmativa.** Todos podemos reducir esta estúpida emoción capaz de socavar la mejor de las relaciones, pero quizá más que nunca, ello nos exigirá una buena dosis de apertura mental.

Imaginarse bien en la poligamia

La mayor parte de la gente cree que los celos son un problema de inseguridad, de baja autoestima, pero he comprobado en mí mismo y en cientos de pacientes que no es así. **Los celos son un problema de excesiva monogamia.**

Las personas que piensan que las relaciones sentimentales se sustentan ¡necesariamente! en la fidelidad, se vuelven hipercelosas. Esto es, sólo podremos disminuir los celos si somos capaces de aceptar que el sexo no es tan importante y que, por lo tanto, podríamos tolerar unos cuernos. En la medida en que somos más monógamos, somos más celosos.

Noelia, la celosa de las miradas, no podía soportar, ¡ni siquiera imaginar!, que su novio estuviese con otra. Para ella, esa traición la desgarraría por dentro; sería una humillación que no podría soportar. Había desarrollado tal mística del sexo (en pareja) que una infidelidad equivalía a mancillar el Corán siendo fanático del islam.

Para comprender mejor los celos en pareja podemos pensar en los celos de los niños porque se trata del mismo fenómeno. Cuando un pequeño odia la posibilidad de tener un hermanito lo hace porque cree que va a suponer una tremenda disminución del amor paternal. Los papis tratan entonces de convencerle de que hay amor para todos y que el nuevo hermano será un beneficio para él: tendrá alguien al que amar, con quien jugar y compartir la vida, un amigo para siempre.

¡Los celos de la pareja y los celos infantiles son exactamente lo mismo!: ridículos. **Posesividad infantil = posesividad conyugal.** De esa misma forma, los hipercelosos se han de dar cuenta de que:

a) Todos tenemos una inmensa capacidad de amar, a nivel sentimental o sexual. Es decir, hay amor para todos.

b) Podemos salir beneficiados de una infidelidad.

[Antes de seguir, tengo que hacer un apunte aquí. El trabajo de apertura mental que llevamos a cabo para disminuir los celos se trata de una tarea mental. Podemos seguir siendo monógamos y tener pactos de fidelidad, pero se trata de relajar la terribilitis que nos invade acerca del tema. Si conseguimos aceptar mentalmente la poligamia, reduciremos los celos y podremos ser unos monógamos serenos y felices.]

Todo es de todos ★★★

En ocasiones llevo a cabo un pequeño ejercicio para disminuir in situ la emoción de los celos en los pacientes. Es bastante espectacular porque con él se consigue eliminarlos en el momento. Recuerdo cuando lo practiqué con Matías, un paciente de 24 años que salía con una jovencita de 18 llamada Rosa. Matías empezó diciéndome:

—Rafael, ayer tuve un ataque de celos fuertecillo. Fui con mi novia a visitar a un amigo con el que quiero montar un negocio. Y ella, que es a veces «demasiado femenina», ¡se puso a flirtear con él!

—Vaya. ¿Crees que tenía intención de seducirle? —le pregunté.

—No, ¡qué va! Es que ella es muy femenina. Le

encanta gustar, pero nada más. Sé que no lo haría nunca —me aclaró.

—Pero no te gustó, ¿verdad? —indagué.

—Sí, en cuanto salimos de casa de mi amigo, tuvimos una discusión «del quince» y perdí los papeles. ¡Y todavía estoy rabioso!

—Vale, Matías. Vamos a hacer un ejercicio para disminuir los celos. Imagínate, en primer lugar, que Rosa efectivamente hubiese seducido a tu amigo. Y allí mismo hubieran hecho el amor. ¿Puedes verlo? —le planteé.

—¡¿Qué me estás diciendo?! ¿Y eso me va a hacer bien? —me preguntó alzando la voz, aunque al mismo tiempo reía, pues conocía mis métodos y confiaba en ellos. De hecho, a esas alturas de la terapia estaba muy cambiado.

—¡Sí, venga! Imagínatelo. Visualízalo un momento. Hazlo por mí.

Matías cerró los ojos, arrugó la cara como quien se está comiendo un limón, y pensó en ello. Al cabo de unos segundos, me dijo:

—¡Qué horror! ¡Qué cosas me haces hacer!

—Pues ahora, Matías, viene lo mejor. Imagínate que justo después, tú le haces el amor a tu amigo y ¡tienes un gran orgasmo! —le dije repentinamente.

—¿Qué dices? ¡Pero eso no lo puedo imaginar! ¡Se te ha ido la olla! —dijo poniendo todavía más cara de limón.

El resultado de este ejercicio es siempre sorprendente: a las personas les disminuyen inmediatamente los celos —también le pasó a Matías—. Lo cual demuestra, cómo no, que esta maldita emoción está basada en la **posesividad**.

Penes de platino

En nuestra sociedad tenemos un gran tabú sobre el sexo. Sí, hemos mejorado desde los tiempos de nuestros bisabuelos: entonces las mujeres iban a la playa vestidas hasta los tobillos y no se sabía que existía el clítoris (y de saberlo, lo hubiesen extirpado). Pero, en serio, ¡todavía andamos muy atrasados! Nos queda mucho camino por recorrer para vivir la sexualidad de una forma sana y natural.

Y es que no nos damos cuenta, pero actuamos como si los penes fuesen de platino y las vaginas de oro. O, peor aún, como si fuesen piezas sagradas en un imponente altar. Sin embargo, los órganos sexuales no son eso: son partes del cuerpo exactamente igual que los sobacos. Y el sexo, una función normal del cuerpo, como defecar, comer o dormir. ¿Tan difícil es aceptar esta obviedad?

Parece que sí. Especialmente para la persona celosa. Pero si se quiere curar, tiene que darse cuenta de que le está otorgando al sexo un valor extraño: ¡ha establecido un delirante tabú!

Como la mayor parte de los antropólogos, pienso que la manera correcta de vivir el sexo es la forma en que lo vivían los habitantes de las islas del Pacífico antes de la colonización británica.

Cuando James Cook y su barco *Resolution* llegaron a Hawái se encontraron con el paraíso en la Tierra: habitantes extremadamente amistosos que vivían pacíficamente y en armonía.

Cuentan las crónicas que los marinos enseguida se dieron cuenta (creo que en el minuto uno) de la permisividad sexual de sus habitantes. Las mujeres simplemente escogían a los marineros que más les gustaban y practicaban sexo no muy alejados del resto del grupo. Y sus hombres no se ponían celosos. Entendían que se trataba de una actividad lúdica y beneficiosa para todos.

Cuando los ingleses les preguntaron por qué permitían esas «infidelidades», respondieron: «El ardor sexual aumenta si practicamos con variados compañeros. Nuestras mujeres vuelven con más pasión tras jugar con otro hombre, y lo mismo nos sucede a nosotros».

Cuentan que el intercambio de cosas por sexo tampoco les parecía un mal negocio. Los hawaianos estaban fascinados por los clavos de hierro, una herramienta muy útil y desconocida para ellos. Y, en poco tiempo, el precio del sexo se estableció en un clavo, un polvo.

Se dice que a la vuelta a Inglaterra, el *Resolution* zarpó de la costa de Hawái entre las lágrimas de todos, nativos e ingleses. Y el enfado del capitán Cook fue monumental cuando a medio camino se dio cuenta de que la solidez del barco peligraba porque no quedaba ni un solo clavo que sujetase el maderamen.

Los habitantes del Hawái del siglo xviii son prueba de que, si nos despojamos de prejuicios, nos excita sexualmente la visión de nuestra pareja haciendo el amor con otro. De ahí que evolutivamente hablando, la cópula de la mujer sea especialmente ruidosa: es decir, gime y grita, en realidad, llamando a otros miembros de la especie, tal y como hace el bonobo, un primate muy parecido al hombre.

Es decir, que nuestra pareja haga el amor con otro, no sólo no es perjudicial, sino que podría beneficiar a la vida sexual del matrimonio, pero nos han programado para pensar lo contrario: que ese tipo de promiscuidad es el horror final que llevó al Imperio romano a las cenizas. (Mentira más clara aún en el caso de los romanos: su final fue una especie de devoradora codicia muy parecida a la de la sociedad capitalista actual.)

Los partidarios de la supermonogamia —Noelia a la cabeza de todos ellos— obvian que el **95 % de los mamíferos son promiscuos y también algunos de los pueblos más pacíficos y armónicos de la Tierra**.

[Que quede claro de nuevo: no estoy haciendo un alegato de la promiscuidad, sino que trato de enseñar a emplear esta visión de las relaciones abiertas con el objeto de mitigar los celos. Se trata de un trabajo mental. Si somos capaces de vislumbrar la posibilidad de la poligamia sobre el papel, seremos capaces de mantener un acuerdo de fidelidad sin celos.]

Las bromas del capitalismo

Un último apunte sobre la promiscuidad. Muchos antropólogos y psicólogos pensamos que la supermonogamia es una extensión del sistema capitalista. Esto es, nació como justificación moral de la posesión de la mujer por parte del varón. Tradicionalmente, el hombre siempre ha podido ser promiscuo y a quien se le exigía fidelidad era a la mujer.

Una prueba de ello es que las sociedades no monógamas como los hawaianos o los mosuo en la remota China son las poblaciones más pacíficas conocidas. Y allí no existe la propiedad privada, tal y como la conocemos nosotros.

De acuerdo, vivimos en una sociedad determinada y las cosas son como son y quizá lo mejor sea adaptarse a ello, pero **no nos creamos que el actual sistema de posesión sexual y sentimental es lo mejor del mundo**. Podemos aceptar la monogamia, pero no volvernos acérrimos defensores de ella.

El engaño

Cuando hablo sobre los celos como expresión de una excesiva monogamia, los más celosos suelen sacarme el «argumento del engaño». Me suelen decir: «A mí lo que me fastidiaría es el engaño».

¡Pero eso no es cierto! Lo que le fastidia al celoso es la infidelidad: sólo eso. Es decir, una vez más, su excesiva monogamia. Esto se descubre fácilmente: imaginemos que nuestra pareja, que está a dieta, nos engaña cuando le preguntamos:

> —Cariño, ¿qué has comido hoy?
>
> Y ésta nos responde:
>
> —Una ensalada muy rica. —Cuando en realidad se ha metido un entrecot de ternera con guarnición de patatas.

Reflexionemos sobre este ejemplo. Es cierto que nuestra pareja nos ha engañado, ¿no?... Pero no nos sentimos ultrajados, traicionados y ¡casi violados! ¿Nos plantearíamos dejar una relación por eso? No lo creo.

Es decir, el engaño nos afecta dependiendo de cómo valoremos la falta. Si se trata de una tontería, el engaño nos parece una chiquillada. Pero si la mentira hace referencia a un acto indignante, diabólico, ¡nazi!, entonces querremos abandonar de inmediato ¡a ese/a cerdo/a!

Por lo tanto, el problema de la infidelidad no es el engaño per se, sino, una vez más, nuestra loca mitificación del sexo.

¿Y si me deja?

Otra de las razones esgrimidas por los celosos para no imaginar una vida promiscua es el temor a que nos abandonen. Vendría expresado de la siguiente forma: «El problema de la promiscuidad es que uno de los dos puede conocer a alguien e irse y eso me da miedo».

Pero nada más alejado de la realidad porque: ¿quién en su sano juicio desearía abandonar a un compañero/a que nos permite estar con otros? ¿Por qué demonios haríamos eso? ¡Y mucho menos para irnos con otra persona que no sea tan abierta!

Es decir, si aceptásemos la idea de un compañero promiscuo, no tendríamos por qué temer que nos abandone; todo lo contrario. ¡Ése no nos abandonaría: ya puede ir con otras!

[Por tercera vez, quiero subrayar que lo expuesto en este capítulo es un ejercicio mental. El objetivo es reducir nuestro temor a que el otro sea infiel.
Podemos ser, en la práctica, tan monógamos como gustemos, pero con más tolerancia mental, sin celos.]

¿Qué es lo importante en una relación?

Yo creo firmemente que dejar una relación sólo por una infidelidad puntual es una reacción irracional. Si reflexionamos sobre qué es lo realmente importante en una unión sentimental, lo lógico sería hablar de:

- El apoyo mutuo.
- La capacidad de divertirse juntos.
- El respeto.
- El cariño.
- La convivencia en armonía.
- Compartir y construir proyectos comunes.

Yo he visto parejas excelentes que estuvieron en crisis, a punto de separarse, porque él o ella tuvieron un desliz en una noche loca. Eso me parece una pena y un error.

En una ocasión, un paciente llamado Lucas no podía perdonar a su mujer por esa razón, aunque la relación entre ellos había sido, hasta el momento, fantástica. Yo la conocía bastante a ella y puedo decir que es una persona excepcional. Después de unos veinte años juntos, tenían dos hijos y mucho amor entre ambos.

Se daba el caso de que Lucas había pasado anteriormente por un cáncer muy severo y ella le había apoyado de una forma admirable. Yo, en esos días de crisis matrimonial, le pregunté al hombre:

—Pero, Lucas, ¿qué importancia tiene ese desliz en comparación al apoyo que te ha demostrado ella?

Recuerdo que al final de la sesión, Lucas terminó aceptando, entre lágrimas, que tenía una compañera excepcional y que, ¡qué leches!: los penes no son de platino ni las vaginas de oro.

Y es que, digámoslo claro, **si le damos una importancia excesiva al sexo o a la fidelidad, estamos pervirtiendo el verdadero significado de la vida en pareja**, tomando el continente por el contenido. Adaptamos un tabú tan ridículo como impedir que los jóvenes se masturben, una práctica no muy antigua.

Las estadísticas más fiables nos informan de que el 60 % de los hombres y el 30 % de las mujeres han sido infieles. Los españoles gastan 18.000 millones de euros al año en prostitución, gremio que cuenta con unos cien mil profesionales a tiempo completo. La prostitución es el segundo negocio mundial más lucrativo, por debajo tan sólo del tráfico de armas. La pornografía en el mundo mueve 100.000 millones de dólares, mucho más que lo que ganan Microsoft, Google, Amazon, Apple, Yahoo y eBay juntas.

Si lo normal fuese la supermonogamia, ¿por qué nos cuesta tanto sujetarnos a ella? Muchos antropólogos, biólogos y psicólogos creemos firmemente que, de forma natural, lo que nos va a los seres humanos es la variedad. Y en un mundo sin cercas ni vallas electrificadas, los celos no tienen sentido.

En este capítulo hemos aprendido que:

- Para dejar de ser celoso hay que disminuir nuestra creencia en la supermonogamia.
- El sexo es una cosa natural y una función más del cuerpo, como comer o defecar.
- Lo esencial de una relación de pareja es el apoyo, el cariño y la diversión en común. No el sexo.
- Poder tolerar, a nivel mental, que nuestra pareja sea infiel es la clave anticelos.
- El engaño o la mentira no son deseables, pero no son actos terroristas que nos conducirán a la guerra nuclear. Todos mentimos alguna vez, aunque sea por piedad.

Apreciar las DELICIAS DE LA SOLEDAD

Apreciar las delicias
de la soledad

Tenía a Jaime sentado delante de mi escritorio. Vestía una chaquetilla anticuada y unos pantalones a juego. Su postura en la silla era un poco extraña porque se agachaba como retorciéndose de dolor. Mientras se pasaba las manos por la cabeza calva, con la mirada clavada en el suelo, me decía:

—¡No puedo soportarlo! ¡No puedo soportarlo!

Jaime tenía casi 50 años, y era conductor de trenes. Estaba tan ansioso y deprimido —y tomaba tantos ansiolíticos— que le intenté convencer para que cogiese la baja médica, pero no me hizo caso.

—¡Me encuentro muy solo! ¿Qué voy a hacer sin ella? —clamaba.

Su mujer le había dejado hacía unos cuatro meses y él se había ido a vivir con sus padres. A los niños los veía cada quince días, suficiente para él. Lo que le destrozaba era la ausencia de ella.

Realmente, lo estaba pasando fatal: casi no dormía, su cabeza era un constante torbellino de pensamientos negativos y había perdido bastante peso. Nuestras visitas eran un muestrario de los dolores del desamor. Se pasaba las sesiones gimoteando y repitiendo lo mal que estaba.

Recuerdo que, después de varias sesiones, le pregunté:

—Por cierto, Jaime, hay algo que no te he preguntado todavía. ¿Cómo era la relación con tu mujer?

El hombre levantó la mirada del suelo, me miró fijamente y me respondió:

—¡Un asco! Si te digo la verdad, eso es lo que era.

En este capítulo, vamos a estudiar la «neura» número uno, la más extendida, lo que más tratamos los psicólogos de todo el planeta: **la depresión por desamor**. Y es que, ¿quién no lo ha pasado mal por este tema alguna vez?

Yo he visto a muchísimos pacientes como Jaime, destrozados por una separación. De todas las edades —de jovencitos de 15 años hasta un anciano de 85—, y todos tienen el mismo patrón mental. A todos, por lo tanto, les ayudo de la misma forma. Si lo hace bien, un buen terapeuta puede curar a un deprimido por abandono en una sola sesión: yo lo he hecho muchas veces.

El siguiente diálogo resume en qué consiste el tratamiento de la depresión por abandono tal y como yo lo practico. Cuando una de estas personas acude a la primera sesión, la cosa suele ir así:

—Estoy fatal. ¡Me ha dejado! Me encontré una nota en casa en la que me decía que se marchaba para siempre. Se llevó su ropa, los muebles, el aparato de música y ¡el perro! —me suelen decir apesadumbrados.

Y prosiguen:

—Y en la nota se leía: «No sé cómo te he aguantado tanto tiempo. No trates de comunicarte conmigo. ¡Adiós!».

Y entonces yo, como maniobra de choque, suelo replicar en un tono neutro:

—Muy bien. Pero dime ahora cuál es el motivo de tu depresión.

Me encanta contemplar su reacción a mi pregunta. Siempre me miran extrañados, se detienen un momento para comprobar si han oído bien y dicen:

—¿Cómo? Pero si ya te lo he dicho: ¡Laura me ha dejado! ¡Con una nota!

Y, siempre, con la táctica del despistado, finalizo esta conversación con el siguiente mensaje racional:

—Ya. Eso ya me lo has contado. Pero dime ahora ¿por qué estás mal? Algo más te ha tenido que pasar para estar tan deprimido, ¿no? ¡Porque eso que me cuentas no es gran cosa!

¿Qué prefieres: que él/ella vuelva o ser muy feliz?

Los seres humanos nos deprimimos ante un abandono, simple y llanamente, porque no pensamos adecuadamente, porque sostenemos un sistema de valores inadecuado. ¡Nadie tendría por qué entristecerse tanto por esa razón! Hacerlo es traicionar a la maravillosa vida.

Precisamente, siempre que recibo a un paciente así, le hablo de la vida. Muchas veces, me levanto de la silla, me dirijo a la ventana y señalo fuera: luce el sol, se ve un trocito de cielo azul brillante y las copas de los árboles agitan sus grandes melenas de hojas.

El amor sentimental es hermoso, pero aún lo es más la vida. ¡Mucho más!

Cuando nos instalamos en la ficción de que necesitamos a alguien para ser feliz, estamos apagando nuestra capacidad de disfrutar del mundo. Ponemos todos los huevos en una cesta y nos disponemos a seguir para siempre una dieta de tortillas. ¡Pero la vida es mucho más: es pan, pasta, chocolate, café y todos los infinitos alimentos! Es amor fraternal, es divertirse, aprender, descubrir, contemplar, admirar... ¡La vida es deslumbrante para una persona sana como nunca lo será para un enamorado neurótico!

La sociedad actual sobrevalora el amor sentimental. Hay muchas pruebas que lo demuestran:

a) La mayoría de las personas sí tienen pareja y, sin embargo, no vibran de felicidad. Si el amor sentimental fuese tan importante, estarían siempre cantando de alegría.

b) Grandes grupos de personas felices —monjes y monjas de todas las religiones— simplemente pasan del tema.

Con eso no quiero decir que el amor sentimental sea poca cosa. Nada es poca cosa —y menos algo que tiene que ver con el cariño entre personas—, aunque no es imprescindible. Pero convertirlo en una exigencia vital produce el efecto de volvernos un poco más inútiles para el goce de todo lo que nos rodea.

Y es que se puede decir que el fetichista del amor es como el fetichista del sexo o las máquinas tragaperras. A fuerza de darle demasiada importancia a su fetiche, limita su capacidad de disfrutar de otras actividades: sólo experimenta algo de satisfacción —y no siempre— practicando sexo con una prostituta vestida de ama dominante o con el tintineo chillón de la máquina. El resto de su vida se apaga.

Por eso hay que insistir —sobre todo a los jóvenes— en darle la importancia justa al amor sentimental. Porque sólo así nos abriremos a la vida y sus maravillas.

En muchas ocasiones, le he dicho a un paciente especialmente bloqueado en su necesidad de pareja: «¿Qué prefieres: que él vuelva o ser intensamente feliz?».

Porque el asunto del amor y el desamor encierra esa disyuntiva. ¿Querremos aprovechar esa separación para volvernos verdaderos amantes de la vida? ¿Aceptamos el reto de despertar para volvernos unos apasionados de la existencia? Aceptar este reto es dejar que él o ella salgan de nuestra vida para empezar a vivir de una forma más plena.

Absurdas preguntas del pasado ??

Tere acudió a mi consulta bastante deprimida. Llevaba así más de un año. Su novio la había dejado para irse con otra. Ya el primer día, me preguntó:

—Rafael, me tienes que ayudar con una duda que me carcome. ¿Cómo es posible que se casase inmediatamente con la otra? Todo el tiempo que estuvimos juntos, me dijo que él no era hombre de casarse.

—No sé qué decirte. La gente cambia de opinión... —le respondí.

—No. Es un cambio demasiado radical. ¡No lo puedo entender! —insistió ella.

—Bueno, en todo caso, Tere, saber eso ahora no sirve de nada.

—¡Pero tengo que saberlo! Porque de lo contrario, nuestra relación fue un engaño —dijo muy alterada.

—Tere: ¡déjate de historias! Engaño o no, el hecho es que él ya no quiere estar contigo. Punto. Y tú has de seguir con tu vida —subrayé.

A partir de ahí, como siempre, trabajamos los diferentes argumentos que demuestran que nadie necesita a nadie y, mucho menos, a alguien concreto. Tere era una chica muy inteligente, así que en esa primera sesión avanzamos a buen ritmo.

Pero en cuanto empezó la siguiente visita, me dijo:

—Rafael, tengo que insistir en una cosa. ¿Cómo es que Raúl se casó con la otra? ¿Fue un engaño todo lo que compartimos?

Si no fuese porque estoy más que acostumbrado a tratar depresiones por abandono, me hubiese sorprendido. ¡¿Otra vez la misma historia?! Pero la verdad es que conozco perfectamente el «fenómeno de la pregunta absurda». Muchos pacientes no pueden dejar de hacérsela, hasta que se curan, claro.

Le respondí:

—¿Otra vez, Tere? Eso ya lo hablamos en la pasada sesión. No te pienso responder. Esa pregunta no sirve para nada. ¡Déjatela de hacer!

¿Por qué los pacientes que han perdido una pareja —por abandono o por muerte— se hacen esas absurdas preguntas una y otra vez, de forma compulsiva?

La respuesta es la siguiente:

a) Porque no aceptan la pérdida.

b) Sostienen un pensamiento mágico inconsciente que les dice que si pudiesen responder a esa pregunta, él o ella volvería (incluso en el caso de los muertos).

Este fenómeno de la pregunta absurda lo comprendí por primera vez una mañana en que tuve dos pacientes que habían sufrido una pérdida. El primero se trataba de un hombre que había perdido a su mujer en un accidente de coche. El segundo paciente era una mujer a la que había dejado su marido. Me sorprendió que el viudo me preguntase una y otra vez:

—¿Por qué cogió el BMW y no el Land Rover? ¿Por qué aquel día cogió mi coche? Si hubiese cogido el Land Rover quizá estuviese viva.

Después, la otra paciente, la abandonada, me hacía preguntas muy parecidas:

—¿Por qué me dejó? ¿Fue por otra?

Las dos personas se interrogaban sobre cuestiones inútiles y, sin embargo, insistían en tener que resolverlas.

Ese día, descubrí que el motivo de las mismas era el pensamiento mágico: «Si pudiese saber por qué me dejó —o por qué cogió el coche equivocado— podría hacer que volviese conmigo».

Muchas veces, en nuestra vida cotidiana, resolvemos los problemas mediante la comprensión de sus causas. Por ejemplo, se emboza la ducha, abrimos el desagüe y nos encontramos un tapón de pelos. Lo sacamos y vuelve a funcionar. En infinidad de casos, «saber» es equivalente a «solucionar».

La persona que no acepta la pérdida de un ser querido se aferra de manera inverosímil a ese pensamiento mágico, a esa lógica infantil y se pasa la vida haciéndose esas absurdas preguntas. Por eso, en la consulta, siempre les digo:

—Basta de preguntas, Tere. Tienes que aceptar que él no volverá. Ése es el problema ahora: has de pasar página.

La joven que no quería crecer

Sonia vino a verme porque, a sus 18 años, se sentía a disgusto con su vida. Y eso que su situación era privilegiada. Era guapa, inteligente y tenía una familia amorosa y equilibrada. De hecho, su vida hasta el momento había sido estupenda. Pero desde hacía unos seis meses, la cosa había cambiado: ya no estaba bien. Estaba un poco deprimida y se sentía muy insegura, con una autoestima muy baja.

—¿Por qué estás así? ¿Hay alguna razón? —le pregunté.

—Sí. El problema es que no estoy a gusto en la universidad —me dijo.

—¿No te gustan tus estudios? —inquirí.

—No es eso. ¡Me encantan! ¡Siempre he querido ser veterinaria!

Sonia era una estudiante ejemplar. En el colegio tenía uno de los mejores expedientes de su promoción y los estudios en la universidad no le iban nada mal. Continué investigando:

—Entonces ¿por qué no estás a gusto en la universidad?

—¡Es que echo de menos el instituto! Me lo pasé tan bien que ahora todo me parece un rollo —me dijo con vehemencia, buscando mi comprensión con su mirada.

Sonia tenía lo que podemos calificar de «crisis de adaptación». No se adaptaba a su nueva vida como estudiante madura e independiente. En su nuevo entorno, sus compañeros salían por la noche, hablaban de sexo y los profesores prácticamente no conocían a sus alumnos. No era como en el cole, donde tutores amables la recompensaban todo el tiempo por su buen comportamiento.

Sonia había pasado de ser la alumna perfecta y la compañera ideal (entre las más modositas del cole), a una estudiante anónima y más bien aburrida.

Su terapia consistió en convencerla de que la universidad podía ser ahora el mejor período de su vida. ¡Para mí lo fue! Y yo también venía de disfrutar enormemente en el cole: fui un buen estudiante y los profes me querían, pero la universidad fue todavía mejor. Descubrí el sexo, unos amigos diferentes —más cultos y maduros—, y la nueva libertad de disponer de tu vida como un adulto.

Con ayuda de la terapia, en poco tiempo, Sonia dio el paso de niña a adulta. Borró los miedos de su mente y se lanzó a disfrutar de las nuevas oportunidades de su vida. Recuerdo que en una de las sesiones, le dije:

—Mira: si pudiésemos hacer que te quedases para siempre en el cole, al cabo de poco, eso acabaría siendo una maldición. Te cansarías.

Y es que **la vida es constante cambio**. El universo se halla en una transformación perpetua como las olas o las mareas del mar. Ese movimiento es una de las maravillas de la vida. Y, nosotros, como hijos de la naturaleza, estamos hechos para disfrutar de ese ritmo.

Primero somos niños efervescentes y juguetones; luego, jóvenes llenos de energía y ganas de descubrir. Más tarde, la madurez nos permite emprender proyectos a nuestra medida. En la vejez, la paz y la ecuanimidad nos da la capacidad de disfrutar de las cosas pequeñas... Cada etapa cierra una puerta, pero abre otra. Se trata de la renovación constante de la vida.

Pero a veces el ser humano se imagina que sería mejor que las cosas fuesen estáticas: ser siempre niño, siempre joven...

Y se equivoca: el orden natural de las cosas es el mejor orden posible. Está diseñado por una fuerza que desconocemos, enorme y sabia, llámale Dios o llámale universo o naturaleza. No la contradigamos estúpidamente.

A todos mis pacientes aquejados por el desamor, les cuento el caso de Sonia y les digo que a ellos les sucede lo mismo: se niegan a pasar página; no se dan cuenta de que la vida buena es una vida de cambio; si traspasamos con ilusión esas líneas divisorias entre el pasado y el futuro, nos esperan los mejores años de nuestra vida. Muchas veces, a los deprimidos por un abandono, les pregunto: «¿Te quedarás llorando por no poder estar en el cole o disfrutarás de tu nueva etapa en la universidad? No seas tonta, si lo anterior fue bueno, te aseguro que te espera algo todavía mejor».

La lavandera del siglo XVI

Cuando los pacientes están muy bloqueados en el pasado, cuando se niegan a olvidar al ser querido, les hablo de «la lavandera del siglo XVI».

Les digo: «Imagina que, un día de éstos, vas a un hipnotizador. El tipo te hipnotiza para contactar con tu memoria inconsciente y te hace ir atrás en tus recuerdos: cuando eras niño, cuando eras bebé e incluso más atrás: ¡a vidas pasadas! Tú, concretamente, recuerdas que viviste en 1550 y eras lavandera. Te ves perfectamente allí, lavando ropa a orillas del Sena, en la ciudad de París. ¿Te lo imaginas?». (Que conste que no creo que exista tal cosa llamada «regresión a vidas pasadas», ni tampoco las propias vidas pasadas.)

Y, generalmente, tenemos el siguiente diálogo:

—¿Y qué harías tú después con ese recuerdo? ¿Intentarías volver a París para proseguir tu carrera de lavandera en el Sena? —pregunto.

—¡Claro que no!

—Por supuesto que no. Simplemente recordarías tu vida pasada como una anécdota y seguirías con tus planes actuales.

—Sí, sí.

—Pues entonces, ¡haz ahora lo mismo! Esto que te ha pasado es como si hubieses muerto y vuelto a nacer: vive tu vida nueva. Deja para siempre en el recuerdo tu pasado con tu ex.

Y es que yo tengo la convicción de que las personas morimos y renacemos cada día. La mitología de los faraones hablaba de algo parecido. Cada anochecer fallece el sol. Y al día siguiente un parto nuevo lo devuelve a la vida. Por eso, el escarabajo era su símbolo sagrado.

Cada día empezamos con unas cartas diferentes y depende de nosotros jugarlas bien, disfrutar de la partida. Es cierto que lo sucedido ayer determina algo mi vida, pero ahora soy yo, el flamante nuevo Rafael, quien toma los mandos de esta nave. ¿Aprovecharé lo que me depara el presente?

En este mismo sentido, muchas veces, les pido de broma a los pacientes que se cambien el nombre. Les digo:

—Por cierto, si volvieses a nacer, ¿cómo te gustaría llamarte?

—No sé: Lorena quizá...

—Pues imagínate que acabas de nacer y te cambias el nombre y, a partir de ahora, te llamas Lorena. ¿Te lo imaginas? El pasado, pasado está. Ahora empieza algo nuevo.

Muerto y enterrado

En terapia, para facilitar que la persona abandonada pase página, solemos pedirle que lleve a cabo el ejercicio de «enterrar al novio». Se trata de una tarea un tanto truculenta pero que funciona. Les digo:

«Durante las próximas dos semanas, quiero que hagas lo siguiente: por las mañanas, mientras te arreglas para ir a trabajar, imagínate que tu ex novio, en vez de haberte dejado, se ha muerto. El tipo ha tenido un accidente. En primer lugar, quiero que te imagines qué harías en el momento del entierro. Después, visualiza cómo estarías transcurrido un

La meditación de «enterrar al novio» nos ayuda a pasar página, a asumir que él no va a volver, que ahora sólo cabe seguir hacia delante y cuanto antes lo hagamos, mejor.

Muchas veces, me preguntan también si en caso de separación es mejor intentar mantener un vínculo de amistad o dejar de verse por completo. Tras ver centenares de casos, mi experiencia me dice que pocas personas son capaces de ser amigos durante el primer año de la ruptura. Por eso, recomiendo no verse en absoluto durante ese tiempo. Somos humanos imperfectos y la carne —y la mente— es débil. Hay que tomar decisiones y nuestra nueva vida nos está esperando: facilitémonos el tránsito.

Este capítulo ha empezado con la historia de Jaime, el conductor de tren. Y vamos a acabarlo con él. Me gusta explicar su caso porque refleja muy bien la absurdidad del razonamiento del abandonado: «sin ella ya no podré estar bien». Y es que, en muchísimos casos, las relaciones de esas sufridas personas fueron malísimas, pero se aferran a ellas como un loco delirante a un espejismo.

En todo caso, fueran relaciones buenas o malas, si alcanzamos una buena salud mental, **nos daremos cuenta de que todo lo que necesitamos para estar bien es nuestra propia capacidad para pensar**. Para pensar bien.

En este capítulo hemos aprendido que:

- Nuestra sociedad sobrevalora el amor sentimental. Algo muy positivo, pero no la panacea de la felicidad.
- Rebajar la importancia de la pareja nos permitirá aumentar la pasión por el resto de las facetas de la vida. Ser más fuertes y felices en general.
- Cuando alguien se pregunta el porqué de una separación, se está negando a pasar página.
- La vida es cambio constante y eso es maravilloso.
- Para pasar página hay que ser un poco radical, pero el premio es una vida más feliz.

Simplemente, APRENDER A ESTAR

Simplemente, aprender a estar

Chan Chuan, el maestro de Lao Tsé, se hallaba muy enfermo. En realidad, eran sus últimos días. Lao Tsé fue a visitarle y le dijo:

—¡Está muy enfermo, maestro! Quizá sea éste nuestro último encuentro. Deme una última lección.

—¿Mi lengua aún está ahí, hijo mío? —preguntó el anciano.

—¡Está! —respondió Lao Tsé.

—¿Mis dientes aún están ahí?

—¡No! —contestó el discípulo.

—¿Y sabes por qué? —preguntó Chan Chuan.

—¿No será que la lengua dura más tiempo por ser más blanda? ¿Y que los dientes, por ser duros y rígidos, se caen antes? —contestó Lao Tsé.

—¡Sin duda! —dijo Chan Chuan—. Acabas de resumir todos los principios relativos al mundo. ¡No necesitas más mis enseñanzas!

Recuerdo que en una ocasión vino a verme Fernando. Otro caso de «depre» por abandono. A sus 24 años estaba desesperado porque su novia le había dejado hacía unos seis meses y él no paraba de sufrir.

Fernando era un tipo genial: sensible y cariñoso. Era muy fácil cogerle afecto. No podía evitar tratarle como si fuese mi hermano pequeño. Se acababa de licenciar en la facultad de Bellas Artes y ya se había convertido en un escultor con trabajo —cosa difícil en el mercado del arte—. Era bien parecido con su negro cabello largo y sus pintas de estilo «siniestro». Tenía muchos amigos, le apasionaba la música y los viajes a los países nórdicos. Pero su hiperromanticismo lo mataba.

A veces, me decía:

—¡Pero la vida sin amor no vale nada!

Se refería, claro, al **amor sentimental**.

Estuvimos trabajando duro durante muchas sesiones, pero se resistía al cambio. Al final, un día, acudió diciéndome:

—Rafael, por fin lo he entendido. Estas dos últimas semanas he estado muy bien.

—Pues, dime: ¿qué has comprendido entonces? —le pregunté a modo de examen.

Fernando me miró fijamente, sonriendo con sus grandes ojos negros. Y lo primero que hizo fue extender el brazo hacia un lado. Al final, cerraba el puño como si guardase algo dentro. Y, de repente, lo abrió con un gesto como quien tira un papel al suelo.

—He tenido que tirar la estúpida idea de que «¡necesito!» el amor de pareja.

Le miré sonriendo. Había dado en el clavo. Y, con una gran cara de satisfacción, volvió a repetir el gesto de tirar un papel al suelo.

—¡Es que me negaba a hacerlo! Ahora lo veo. No sé si tendré novia algún día, si me casaré o tendré niños, pero te juro que, independientemente de ello, tendré una gran vida.

La vida es juego

Fernando soltó su necesidad y eso le liberó de su «neura». Le costó varias sesiones y mucha insistencia con los deberes, pero lo consiguió.

A veces, me encuentro con casos incluso más difíciles. Se trata de personas con muchas dificultades para «soltar las neuras». Y esto suele suceder cuando su temor lo provoca un proyecto que tiene que ver con toda la organización de su vida.

Me explico. Las anoréxicas, por ejemplo, son chicas que se han metido en un proyecto total para adelgazar, una carrera en la que no pueden fallar y en la que han invertido casi todos sus recursos.

Al poco tiempo de estar contando calorías, practicando deporte, pensando todo el día en platos poco calóricos, haciendo actividades frenéticas para quemar grasas y un larguísimo etcétera, la mayor parte de su mente y su tiempo gira en torno a su proyecto de conseguir el Santo Grial: la delgadez, icono de la belleza y la elegancia, prueba clara de éxito en la vida.

Quiero decir que, una vez «enneuradas», su principal trabajo, hobby y pasatiempo es adelgazar.

Y lo mismo les sucede a muchas personas que se estresan en el trabajo o en su empresa, a la que dedican una parte muy importante de su vida. Vuelven a casa a las quinientas, pasan muchos fines de semana trabajando, y hasta las comidas las dedican a charlar con socios y colegas. Su trabajo es casi todo en su vida.

En esos casos, «soltar la neura» es más difícil porque «soltar» implica dejar de darle tanta importancia al tema. Para conseguirlo tenemos que «imaginar» que podríamos renunciar totalmente a «adelgazar», «a ganar dinero», etc., y seguir siendo felices. Recordemos una vez más que «en la renuncia está la fortaleza». Pero cuando a estas personas les pedimos que lleven a cabo esta **renuncia mental**, se bloquean, porque eso significa renunciar a toda su vida.

Todas las mañanas, cuando voy a la consulta en mi bicicleta, pienso:

«¿Necesito ser psicólogo para ser feliz?».

Y siempre me respondo:

«¡Para nada!».

Entonces, y sólo entonces, me doy permiso para ir a trabajar, porque de lo contrario, me estresaría.

Cuando desarrollamos un temor, nos sucede que le estamos dando demasiada importancia a algo que no la tiene. Se trata de tareas interesantes con las que disfrutar, pero si no rindiésemos bien en ellas, no sería nunca el fin del mundo. ¡En absoluto!

Y es que la mayor parte de la vida es una pachanga al baloncesto entre amigos. Todo lo que emprendemos, todos nuestros objetivos al margen de la comida y el agua, tienen como objeto la diversión. **Es idiota darle demasiada importancia a todo ello**, aunque muchas veces, neuróticamente, lo hacemos.

Lunáticamente, convertimos:

UN PLACER
Trabajar y
conseguir proyectos

en →

UNA TENSIÓN
¡Si pierdo mi estatus,
mi bienestar estará
en peligro!

UN ENTRETENIMIENTO
Estar guapa, arreglarme,
ir a la moda

en →

**UNA OBLIGACIÓN
TOTAL**
De ser fea, mi vida
será un fracaso

UN JUEGO
Ganar dinero

en →

**UN EXAMEN
CONTINUO**
Si fracaso ahora... ¡¿qué
pensarán de mí?! Ya no
seré nada

Llenar la vida de aire ∿

El motivo por el cual a las anoréxicas o a los adictos al trabajo les cuesta tanto soltar su «neura» es que les es difícil
imaginar a qué dedicar su tiempo si renunciasen a la belleza o al dinero. «¿Qué hago ahora si no me obsesiono con

mi proyecto?» Y esto les atemoriza lo suficiente como para no abrir el puño y dejar caer la necesidad que les esclaviza.

Mentalmente, se les abre un precipicio interior muy desagradable. Si piensan: «De acuerdo, puedo imaginar que renuncio a la belleza física... pero ¿qué demonios hago este fin de semana que ya está encima? ¡No tengo una vida alternativa ahí fuera!».

Muchas veces, este vacío es suficiente para hacerlas recaer en el juego de la superexigencia. Es algo así como decirse: «Prefiero comerme el coco con la anorexia al terror al vacío de los próximos días».

Terror vacui, una vieja neura, algo de lo que ya hablaron los antiguos filósofos. Algo muy absurdo porque, como veremos a continuación, **el vacío es nuestro amigo**. Ya lo dijo Lao Tsé en el siglo vi a.C.:

Diez radios lleva la circunferencia de una rueda; y lo útil para el carro es esa nada (su hueco).
Con arcilla se fabrican las vasijas; y en ellas lo útil es la nada (de su oquedad).
Se agujerean puertas y ventanas para hacer la casa, y la nada de esos huecos es lo útil.
Así pues, en lo que tiene «ser» está el interés. Pero en el «no ser» está la utilidad.

Y para ilustrar mejor cuán absurdo es el temor al vacío, les hablo a mis pacientes de mi amigo Kiko y la meditación vipassana.

Descubrir el confort de la existencia

Hace tiempo ya, me presentaron a un hombre de unos 50 años, alto, delgado y moreno. Un tipo genial. En el ámbito profesional, es un prestigioso asesor financiero. En el ámbito privado, un consumado practicante de meditación budista. Hace más de treinta años, cuando era un joven hippy en Ibiza, descubrió esta filosofía y, desde entonces, se ha dedicado a profundizar más y más en ella.

Siempre sin ánimo de lucro, Kiko imparte clases de budismo, organiza cursos con grandes maestros y a la que puede, ayuda a los neófitos a introducirse en el camino de la iluminación.

En una ocasión, me habló de la «experiencia vipassana».

Hasta entonces yo no había oído hablar de eso, pero supe que muchas personas en todo el mundo llevan a cabo «el retiro de diez días vipassana». Existen monasterios en muchos lugares —también en España— donde realizarlo.

Se trata de una técnica de meditación extrema. Consiste en recluirse durante diez días en un lugar tranquilo para exclusivamente meditar en una misma posición. No se puede hacer nada más: ni leer, ni hablar con nadie, ni ninguna otra cosa que no sea estar allí sentado fijándose en la respiración. Diez días de completa inmovilidad y silencio.

Kiko me explicó que muchísimas personas abandonan ya al término del primer día, pero los que aguantan, comprueban sus beneficios: una gran sensación de liberación frente a cualquier miedo presente, pasado o futuro.

Así es un día a día en el retiro, según me contó Kiko:

Las normas son muy estrictas. Todo el mundo se levanta a las 4.30 de la mañana y se acuesta a las 21.30. A las 6.30, el desayuno; a las 11.30, la comida (vegetariana, por supuesto). Y a las 17.00 un zumo de limón caliente. Nada más.

La actividad exclusiva del día es la meditación: no está permitido ni leer ni escribir ni hacer deporte y, por supuesto, está prohibido cualquier tipo de comunicación. Lo único que se hace es comer, dormir, pasear un poco y meditar sentado.

«En todo el edificio, no hay ni una imagen, ni un cartel ni una fotografía que haga referencia al budismo o cualquier otra religión. Es más, no está permitido llevar símbolos de ningún tipo. Hay una total y absoluta asepsia religiosa.

»Para mí el retiro son mis vacaciones: estoy en el lugar que quiero, realizando una actividad en la cual me siento cómodo. Por lo tanto, hago lo que cualquier persona en sus vacaciones: me organizo y disfruto. Sé que al no tener comunicación con nadie y tener todas mis necesidades cubiertas, el único "enemigo" soy yo mismo. También sé que todas las cosas que haces en esta vida requieren un requisito previo y, en la meditación, soy serio, riguroso, incluso escéptico, paciente y, sobre todo, muy (pero que muy) amable conmigo mismo.

»Cuando empiezan las sesiones de meditación, escucho atentamente las instrucciones. No me vienen de nuevo, pero me relajo mentalmente y no pongo condiciones en las explicaciones. Soy riguroso en su aplicación. Me siento con las piernas cruzadas o en posición de loto, mantengo la espalda erguida y sin hacer un esfuerzo especial, relajo mis hombros. Cierro los ojos suavemente como si escuchara una música muy agradable... y relajo todo mi cuerpo. Descubro y me asombro de las tensiones de toda mi musculatura. ¡Las de la cara! Estaba seguro de que estaba relajado, pero aún tenía tensiones importantes. Entonces, pongo con suavidad mi atención en la respiración... No la controlo, sólo soy un observador de ella. Es como cuando miras las olas del mar en un día de calma... Simplemente observas... Y aparecen los pensamientos... Y me digo con cariño: "Kiko, tú a lo tuyo". Poco a poco, el continuo mental va ralentizándose, la suavidad de mi atención va relajándome cada vez más. La inmovilidad física y la quietud mental dan paso a la absorción... Te empiezas a distanciar de tu cuerpo y de tu discurso mental. Ya no eres eso que está allí.

»Recuerdo que cuando empezaba a meditar, esta experiencia (el vivir el momento) me podía producir temor y, alguna vez, tuve que dejarlo: estaba tan acostumbrado a "hacer", que el estar ahí, simplemente en el "ser", me asustaba. Por increíble que parezca, me atemorizaba mi propia esencia.

»Con la meditación descubres el verdadero confort de la existencia. Con el retiro vipassana, además, tienes la oportunidad de experimentar tal absorción que prácticamente te unes a tu respiración. El sujeto (que es quien observa) se funde con lo observado y puedes vivir por primera vez en tu vida una experiencia no dual. Y te aseguro que la sensación es fantástica.

»En los últimos días de la meditación vipassana, uno puede experimentar una sensación de amplitud y espaciosidad a un nivel increíble. Uno siente que el latido del corazón es claro y obvio igual que la respiración. En realidad, no hay diferencia entre las dos cosas y uno mismo. Uno experimenta la existencia, la unión, la ausencia de límites, la ausencia de centro de referencia.»

La experiencia vipassana nos demuestra que **el vacío es bueno**, que «no hacer nada» puede ser genial, que en esta vida no necesitamos tener la existencia ocupada.

Sentir tu propio volumen 🎵

¿Es un problema el vacío que queda cuando dejamos de lado una obsesión? Sin trabajar todos los fines de semana, sin batallar constantemente contra las calorías, ¿es posible estar bien?

La respuesta es que sí porque, como diría mi amigo Kiko, el ser humano puede ser inmensamente feliz sin hacer completamente nada.

Las anoréxicas y todos nosotros —cuando estamos neuróticos— tenemos que aprender esta lección. **No hay nada más hermoso y valioso que saber no hacer nada**, disfrutar de observar los árboles, los colores, de dejar pasar el tiempo y sentir «el confort de la existencia».

Por lo tanto, las anoréxicas no tienen por qué temer ese cambio de vida que les proponemos: es cierto, pasarán por un dulce período de indefinición hasta que se reorganicen la vida sin la «neura» de la comida, pero será un período fantástico, de recogimiento, de paz: algo parecido al retiro vipassana.

Me gustaría acabar con una anécdota que me han contado algunos meditadores. Una experiencia que yo también he tenido.

Recuerdo un día cualquiera. Estaba en mi despacho esperando a alguna persona que no aparecía. Allí sentado, en mi sillón de trabajo, las piernas cruzadas. Miraba hacia la gran ventana que tengo detrás del escritorio y a través de la cortina veía las formas redondeadas de los balcones modernistas del edificio de enfrente.

No pensaba en nada en particular, pero me encontraba muy bien: calmo y satisfecho. Y, en un momento dado, noté el volumen de mis brazos y esa sensación tan simple me llenó de bienestar. Notaba todo mi cuerpo allí, sereno, y me di cuenta por primera vez de que yo tenía volumen y eso, sólo eso, ya era placentero.

¿Podemos estar bien sin hacer nada? ¡Claro que sí! No es necesario correr ni ocuparse el tiempo ni tener proyectos o metas: simplemente **gozar de estar vivo**.

En este capítulo hemos aprendido que:

- Superar las neuras implica soltar necesidades inventadas.
- A veces, nos cuesta hacerlo por temor al vacío: «¿Qué haré a partir de ahora con mi vida?».
- Sin embargo, no hay nada que temer porque podemos disfrutar de unas vacaciones mentales maravillosas: no hacer nada es dulce y bueno.

- ....
- ....
- ....
....
....
....
....
....
....
....
....

Las **2** NORMAS del abuelo *Rafael*

Las dos normas
del abuelo Rafael

—¿Cuánto pesa un copo de nieve? —preguntó un maestro a su discípulo.

—Nada —contestó el joven.

—Entonces déjame que te explique la siguiente historia. Un día me senté aquí mismo y me puse a contemplar el árbol que tenemos al lado. En ese momento, empezó a nevar. No nevaba mucho, no te creas: era una nevada suave, como en un sueño, sin ningún ruido ni violencia.

El joven estaba absorto pues las parábolas de su maestro siempre contenían importantes enseñanzas. El anciano prosiguió:

—Como no tenía nada que hacer, me puse a contar los copos que caían sobre una de esas ramas. El número exacto fue 32.346. Cuando el copo 32.347 se posó sobre los demás, la rama se rompió. Y fíjate que cada copo no pesaba «nada», como tú dices.

En este capítulo, vamos a estudiar dos reglas antiguas pero esenciales que nos permitirán conseguir nuestros propósitos en la vida e, incluso, ponerle algo de orden a nuestra cabeza. Aprenderemos a seguir una dirección concreta porque mantener el rumbo, paso a paso, es lo que nos permite recorrer largas distancias.

Mi abuelo se llamaba Rafael Lorite y era un hombre de otra época. En concreto, de cuando la Guerra Civil española. Luchó en el bando republicano y fue encarcelado durante cuatro largos años en la prisión central de Lleida.

Él sobrevivió, pero muchos de sus compañeros murieron entre las rejas de aquel sórdido presidio. El hambre y la tuberculosis hicieron estragos.

Un buen día, apareció por la cárcel un joven funcionario. Alto, apuesto, vestido con un impoluto traje militar con galones en las hombreras. Llevaba la gorra ladeada como estilaban los galanes de la época y se paseaba seguro de sí mismo por el pasillo de la galería superior. Mi abuelo Rafael, enfermo de una incipiente tuberculosis, estaba sentado en el suelo del patio central, en la planta baja, y alzó la vista para mirar a aquel fascista arrogante que reía ufano en las alturas. El militar miraba hacia abajo desdeñoso, con expresión de satisfacción.

Mi abuelo se dirigió al compañero que tenía al lado y le dijo agriamente:

—Ese bastardo debe ser de misa diaria. Nosotros muriéndonos y él todavía se creerá un buen cristiano.

—¡Así se caiga y se rompa el cuello! —añadió el otro convicto antes de meter la cabeza entre las solapas de su roída chaqueta. Aquella mañana de invierno hacía un frío tremendo.

El abuelo Rafael tenía la mirada clavada en esa figura uniformada cuando, de repente, éste también hizo contacto visual. Por alguna estúpida razón, Rafael le aguantó un instante la mirada en actitud desafiante. Todo pasó muy rápido: el militar dio unos pasos decididos hacia la barandilla, sacó la cabeza y señaló a mi abuelo con el dedo, con un fiero gesto.

A Rafael se le heló la sangre en el cuerpo. «Dios, sólo me faltaba esto; ¡que éste la tome conmigo!», y agachó la cabeza inmediatamente. Pasó un segundo que no se acababa nunca, un instante eterno en el que se hizo el silencio en la mente de mi abuelo. Un silencio que rompió violentamente la voz del militar:

—¿Eres tú, Rafita? —dijo gritando desde la galería superior.

El pobre recluso levantó la cara y aguzó la vista. No lo distinguía. ¿Quién era el fascista de la gorra ladeada? ¿Acaso lo conocía? El militar bajó precipitadamente las escaleras de hierro que daban al patio y en un suspiro se plantó delante del cuerpo curvado de mi abuelo.

—¡Rafa, coño! ¿Es que no me conoces? Soy Pablo, joder, ¡Pablito! —Y lo levantó de las axilas para darle un abrazo justo igual al que se dieron la última vez que se vieron, en la estación de tren de Córdoba, cinco años atrás.

Mi abuelo dejó caer unas lágrimas larguísimas que se derramaron en el suelo y, de repente, rompió a llorar como un niño. No podía parar. Resultó que aquel flamante teniente del ejército nacional, de visita casual a la prisión, era uno de los mejores amigos de su infancia. Prácticamente, un hermano.

Después de tanto sufrimiento, ver esa cara amiga, sentir el abrazo de alguien del pasado feliz, le rompió la armadura de hierro que se había puesto para sobrevivir allí dentro. Me contó mi abuelo que estuvo llorando durante toda una hora seguida. Y ése fue el último día que el recluso pasó en la cárcel.

Así eran las cosas en aquellos días. Un golpe de la fortuna podía liberarte o condenarte. Mi abuelo salió aquella misma noche y se quedó a vivir allí, en la ciudad donde había pasado cuatro años recluido. No tenía absolutamente nada, ni siquiera un amigo o un familiar. Sin dinero ni hogar, empezó a buscar empleo al día siguiente y enseguida encontró un puesto de ayudante de zapatero remendón.

Evidentemente, yo conocí a mi abuelo muchos años después, pero me lo imagino perfectamente a sus 20 años de edad. Era un tipo con una gran personalidad, que se había hecho a sí mismo, culto por formación autodidacta y muy resuelto y elegante. Nunca nos habló amargamente de la Guerra Civil ni de los años en prisión. Siempre recordaba las anécdotas positivas. Aceptó las condiciones de vida en una España que no era la suya y miró hacia delante. Llegó a ser un hombre muy respetado en Lleida.

Y mi abuelo entra aquí, en este capítulo, porque vamos a estudiar dos de sus frases favoritas. Dos conceptos que la gente de su época tenía siempre en mente y que precisamente le ayudaron a ser fuerte frente a la adversidad y aprovechar bien los años de bonanza. Dos ideas que pueden estar pasadas de moda, pero que es importante recuperar:

> 1. Lo que empiezo, lo acabo.
> 2. Lo que he dicho que haría, lo haré.

Atravesar las emociones

En capítulos anteriores, hemos aprendido a modificar nuestras emociones a través de nuestros pensamientos. Así, con un poco de práctica, todos podemos volvernos más racionales, fuertes y felices, pero ¡cómo no!, habrá momentos de locura transitoria; siempre los hay porque el ser humano es falible por naturaleza. En esos momentos, exageraremos los problemas hasta parecer que estamos al borde de un abismo imaginario, que la situación es insostenible: ¡el barco se hunde!

Y en algunos de esos momentos no conseguiremos moderarnos, por mucho ejercicio racional que realicemos. ¿Qué hacer entonces? Atenerse a las dos normas del abuelo Rafael para traspasar las emociones exageradas que nos invadirán.

Lo importante en estos casos es «evitar evitar». No dar marcha atrás, no recular. Porque, como ya hemos visto en otros capítulos, **la evitación desencadena un fenómeno de aumento del malestar, de crecimiento de las «neuras» espectacular**.

Cada vez que —por miedo o vergüenza, por tristeza o ira— rompemos un compromiso personal, estamos echando leña a la hoguera de nuestra neurosis, nos estamos haciendo más débiles. En concreto, cada vez que damos marcha atrás a causa de las emociones negativas:

a) Aumentamos nuestra sensibilidad al miedo, la vergüenza o la pereza (y puede llegar a extremos extraordinarios).

b) Nos invade una intensa confusión: ¿qué es lo que quiero?; ¿hacia dónde deseo dirigirme?

c) Nos entra la sensación de que la vida es poco interesante.

Cumplir con las dos normas del abuelo Rafael es importante para evitar los efectos mencionados —sobre todo el aumento del miedo y la confusión vital—. Y, por el contrario, **si nos acostumbramos a cumplir con nuestros compromisos**, sobre todo con los personales, **nos convertimos en personas maduras que consiguen fácilmente lo que se proponen** y sus emociones negativas son suaves, razonables y útiles.

La metáfora de la pataleta en el supermercado

A mis pacientes aquejados de esa falta de compromiso personal —siempre a causa de las emociones negativas— les explico la siguiente metáfora.

Lo que te sucede es parecido a lo que sucede con algunos niños pequeños maleducados: arman unas pataletas increíbles siempre que desean conseguir algo. Por ejemplo, quieren que su mami les compre chuches y llorarán y patalearán hasta conseguirlos. Muchas veces, han venido esos padres a pedirme consejo y los he visto en muy malas condiciones.

En una ocasión, una madre me confesó que su hija la obligaba a pasar toda la tarde en el parque hasta el anochecer. En verano, se trataba de cinco o seis horas. ¡No podía ni ir a hacer la compra! Si hacía un amago de regresar a casa, la niña se ponía furibunda. Otro padre me contó que alimentaba a su hijo sólo con yogures. Sabía que se trataba de una dieta nociva, pero ¡no podía contradecir a su pequeño monstruo de 6 años!

Tras esta introducción, les suelo preguntar a mis pacientes:

—¿Qué harías tú con una madre que no puede dejar de comprarle chuches a su niña a causa de las pataletas?

—Está claro: no se los daría. Le enseñaría a dejar de tener rabietas. Le comunicaría que no voy a acceder a ningún chantaje más —me suelen responder.

Y, efectivamente, eso es lo que hay que hacer con los niños maleducados. Y es maravilloso ver cómo cambian, en pocas semanas, con un poco de autoridad tranquila, pero perseverante y coherente.

Pues lo mismo tenemos que hacer cuando las emociones negativas quieren impedir que sigamos las dos normas del abuelo Rafael: **hacer caso omiso de esas emociones y no atender a sus chantajes**. Si cedemos al berrinche, acabaremos por ser rehenes de nuestros propios miedos, que cada vez patalearán más y más.

He conocido a muchas personas con un nivel de ansiedad exageradísimo, muy miedosas, porque durante muchos años dejaron que sus emociones negativas tomaran el mando de su vida. Cada vez que se proponían un objetivo interesante, sus miedos les atenazaban con ansiedad y con mensajes descorazonadores. Enseguida se daban por vencidas y renunciaban. En su inicio, esas emociones no eran demasiado intensas, pero fueron paulatinamente en aumento, como las escenitas de un niño malcriado.

Cierto nivel de ansiedad es normal

La ansiedad, los nervios, la tristeza, las dudas, la vergüenza, la pereza... son en gran medida emociones inevitables. En numerosas ocasiones de nuestra vida no las podremos dejar de tener. Pero, atentos; **la persona madura se las permite y se aprovecha de ellas para aprender cosas prácticas de su vida**.

Existe una expresión en lengua japonesa, *arugamama*, que significa «armonizarse con la naturaleza». Proviene de la antigua sabiduría zen. *Arugamama* es entender que en invierno hace frío y en verano, calor. Que los terremotos son fuerzas que nos superan y que más vale aprender a vivir con ellos y desarrollar una arquitectura de casas de papel.

Los monjes budistas de todos los tiempos aprendieron que las emociones negativas son parte de la naturaleza humana. Son como el calor en verano y el frío en invierno. Pero la ilusión contraria, la fantasía de que podemos erradicarlas, es lo que provoca una gran parte de las neurosis y el sufrimiento humano.

La psicología cognitiva —que hemos estudiado— reduce las emociones negativas exageradas a través del pensamiento. Pero no puede eliminarlas del todo, como quisieran algunos pacientes neuróticos. Una parte del miedo o la tristeza hay que aceptarla mientras seguimos trabajando en pos de nuestros objetivos vitales.

En psicología, la corriente terapéutica que se encarga de la educación de las emociones a través de su traspaso —de atravesarlas— se llama Terapia de Aceptación y Compromiso (ACT en sus siglas en inglés) y es una de las más antiguas y modernas que existen. Antigua porque enraíza en el concepto zen de *arugamama* y moderna, porque ha sido desarrollada y ampliada en los últimos años.

En mi consulta alternamos la terapia cognitiva con la terapia ACT dependiendo de los diferentes momentos y trastornos. Estas dos formas de trabajo pueden parecer antitéticas, pero en realidad son perfectamente complementarias.

Si lo rechazas, lo tienes más

En el mundo de las emociones negativas, existe otra máxima, que dice: «Si lo rechazas, lo tienes más».

Es como escupir al cielo, intentar pegarle una paliza al oleaje del mar, darle un puñetazo a un espejo. Así es la naturaleza de nuestras emociones negativas.

Existe un ejercicio que se suele emplear en cursos de psicología para ilustrar este fenómeno rebote de los procesos mentales. Y consiste en lo siguiente:

> «Te voy a pedir ahora mismo que no pienses en un limón. Por favor, NO pienses en un limón grande y amarillo».

El resultado es que nadie puede sacárselo de la mente. **No se puede evitar pensar en algo de forma activa**. Si lo pruebas, se producirá el efecto contrario. Eso mismo sucede con las emociones negativas: los nervios, la vergüenza, la tristeza y demás.

Es lo que los psicólogos llamamos «la trampa de la evitación». Se trata de algo parecido a lo que le sucede a una persona que está aprendiendo a esquiar. Si en los primeros días tiene un accidente bajando por una pendiente y, tras el susto, se va a casa a recuperarse... Más vale que al día siguiente, sin falta, vuelva a intentarlo. ¡Por la misma pendiente si es posible!

Cualquier profesor de esquí sabe que si esa persona evita el esquí durante unos días o semanas, es muy posible que le coja miedo para el resto de su vida porque, dentro de su mente, está construyendo un fantasma.

Con los trastornos paroxísticos de la ansiedad —los ataques de pánico—, lo vemos de forma meridiana: las personas intentan evitar la experiencia de malestar que les ha producido el primer episodio y ¡ahí se inicia el verdadero problema! Con la evitación, la ansiedad crecerá hasta convertirse en una potente **neurosis**.

Continuar con los planes ℒ

Yo estoy convencido de que para madurar hay que aprender cierta cantidad de *arugamama*, hay que aprender a tolerar las emociones negativas mientras cumplimos con nuestros compromisos. Esto hará que:

a) Las emociones negativas disminuyan en intensidad.

b) Nos dirijamos hacia donde queremos ir en cada momento.

c) Aprendamos infinidad de habilidades nuevas.

Siguiendo con la metáfora de la pataleta en el supermercado, les suelo preguntar a los pacientes:

—Entonces ¿qué le aconsejarías a esa madre con su hijo maleducado?

—Pues eso. ¡Que no les den las chuches de ninguna manera! —me responden.

—¿Y la madre qué tiene que hacer mientras el niño patalea? —pregunto.

—Pues comprar; hacer lo que había ido a hacer.

Y eso es exactamente lo que tenemos que hacer para adquirir *arugamama*:

a) No prestar atención a las emociones negativas: ignorarlas.

b) Proseguir con los planes como si nada sucediese.

En poco tiempo, el niño se convertirá en una personita dulce, sosegada y cariñosa; y dejará de ser un caprichoso y neurótico dictador.

Muchas veces, los pacientes replican:

—Pero, Rafael, sólo con oírte, ya me invade la ansiedad.

—Muy bien, pues métete esa emoción en el bolsillo y dirígete hacia donde te has comprometido a ir.

La técnica del robot

Las emociones negativas tienen una morbosa cualidad y es que producen pensamientos asociados que abogan por que abandonemos los compromisos que nos atemorizan:

«Es un error», «no podrás conseguirlo», «vas a sufrir demasiado», «en realidad, prefieres hacer otra cosa»,«tu familia lo pasará mal»...

Todos esos pensamientos son material de desecho que aparece en nuestra mente sólo para empujarnos a retirarnos. No son razones válidas.

La persona madura aprende a decirles a todos esos pensamientos:

> —Sea un error o no lo sea... vaya a sufrir o no... voy a cumplir con mis compromisos, porque tengo que educar mi mente y ésta es la única forma de hacerlo. A partir de ahora, voy a acabar lo que he empezado y a hacer lo que dije que haría, pase lo que pase.

En esos momentos delicados en los que nuestra mente nos azota con emociones negativas es bueno emplear la técnica del robot. Esto es, **actuar sin pensar**. Incluso, ponerse la radio para escuchar otras voces diferentes a la nuestra. En los momentos malos, cualquier cosa que produzca la mente serán «materiales de desecho» sin sentido.

Muchas veces los pacientes me preguntan:

—Rafael, tú dices que hay que seguir con los planes previstos a pesar de las emociones negativas. Pero ¿y si no hay nada concreto que hacer? ¿Y si, por ejemplo, me golpea el temor por la noche y no me deja dormir?

—Entonces, levántate y ponte a hacer algo útil. Es la mejor forma de decirle a tu «niñato interior» que no le vas a prestar atención y que vas a aprovechar el tiempo.

La brújula interior

En ocasiones vienen a verme personas con una gran confusión interior. No saben qué hacer con sus vidas, adónde dirigirse. Yo les respondo que tengo en mi despacho una brújula que me informa de eso y que se la puedo prestar. Entonces, saco de un cajón el puño cerrado, lo abro y les digo:

—¡Ahí está mi brújula imaginaria! Es mágica y ahora mismo nos va a indicar hacia dónde quieres ir. ¿Increíble, verdad?

Los pacientes me miran divertidos y escépticos porque, ¿cómo va a saber el terapeuta cuál es el próximo objetivo de sus vidas? Y prosigo así:

—Mira, esta brújula funciona así: el punto al que dirigirte es... ¡Exactamente hacia lo que te dé más miedo! De todas las opciones que se te ocurren, dirígete hacia la que te causa más temor. ¡Ahí lo tienes!

Nunca falla. **Los objetivos que nos atemorizan son aquellos que nos motivan más**, pero no los emprendemos porque evitamos enfrentarnos a las emociones negativas. Si no deseásemos dirigirnos hacia allí, no nos asustarían porque simplemente los apartaríamos de nuestra mente. Por ejemplo, a mí no me asusta hacer puenting, no es un temor en mi vida, porque no pienso hacerlo jamás. Sólo me asustan los proyectos que me atraen y que deseo emprender.

Por lo tanto, la flecha hacia la que apunta la brújula de mis objetivos coincide con mis mayores miedos. Hacia allí me tengo que dirigir.

La metáfora de los pasajeros

Durante la mayor parte de este libro, hemos argumentado en contra de las exigencias exageradas. Hemos visto que exigirse es la mejor forma de añadir tensión gratuita a nuestra vida. Pero también es cierto que una vez se decide ir hacia una meta, hay que mantener el timón en esa dirección.

Aunque estos dos conceptos puedan parecer contradictorios, no lo son en realidad: podemos escoger, en casi todo momento, nuestros objetivos y metas, pero una vez tomamos una determinación, es muy conveniente mantenernos fieles a ella.

En la terapia ACT, se suele explicar «la metáfora de los pasajeros» para ilustrar cómo, una vez se decide hacia dónde ir, a las personas nos conviene hacer caso omiso de las emociones negativas que nos argumentarán en contra de nuestra determinación. La tristeza, el miedo, la vergüenza, las dudas... aparecerán y la persona madura simplemente las tolerará —las meterá en el bolsillo— para proseguir su camino.

La metáfora de los pasajeros dice así:

Un joven barcelonés decidió en una ocasión que se iba a trasladar a Sevilla. Pensó que sería fantástico vivir durante un tiempo en la ciudad del flamenco, así que empacó todas sus cosas y partió hacia allí en su coche. Cuando llevaba buena parte del trayecto recorrido, digamos que a los 200 kilómetros, oyó algunas voces en la parte de atrás. Extrañado, miró por el retrovisor y vio que se habían colado unos polizones. Eran adolescentes con despeinadas melenas. Chillaban bastante. Uno de ellos decía:

—¡¡Adónde vas!! ¡Pero si tú no puedes vivir solo en Sevilla! ¡Vuélvete inmediatamente!

Otro pasajero gritaba con una ensordecedora voz de pito:

—¡Quiero volver! ¡Quiero volver! ¡Ahora mismo! ¡Si no das media vuelta, voy a chillar más y más!

Y, por último, un tercero:

—¡Qué triste estoy! Voy a echar de menos a todo el mundo: a tus padres, a tu hermana... ¡Qué triste estoy! Por favor, regresa a Barcelona.

Al cuarto de hora de soportar tal letanía, nuestro hombre detuvo el coche y se puso a parlamentar con esos chicos.

—Por favor, callad un momento. Nada de eso es cierto. ¡Claro que puedo vivir en Sevilla! Y, por supuesto, podré ver a mi familia a menudo: no pasa nada. Y tú, el de la voz de pito, por favor, baja la voz que me estás estresando.

Los chicos, en vez de razonar, se pusieron a chillar y llorar con más fuerza y nuestro conductor, muy alterado, decidió volver a Barcelona. ¡Así no podía conducir!

Al cabo de unos meses, sentado delante del televisor, nuestro hombre vio que daban un documental sobre Sevilla. Enseguida, pensó: «Cómo me gustaría vivir en Sevilla. Realmente, no sé por qué anulé mi viaje en aquella ocasión. Pero, esta vez, nadie me detendrá».

Y dicho y hecho, partió de nuevo hacia la capital del sur. Pero esta vez, a sólo 50 kilómetros de trayecto, volvió a oír voces en el asiento de atrás. Miró por el espejo interior y vio a los pasajeros de antaño. Pero entonces, ¡eran adultos! ¡Habían crecido! Y llevaban cazadoras de cuero, tatuajes y feroces cicatrices en la cara. Ahora bramaban:

—¡Párate inmediatamente, pedazo de inútil! ¡Te prohíbo que vayas a Sevilla! ¡Jamás podrás vivir solo en otra ciudad!

Y:

—¡Me muero de tristeza! ¡No puedo soportarlo! ¡Esto es el fin!

Una vez más, el conductor intentó parlamentar con los pasajeros, pero, como había sucedido antes, éstos hacían caso omiso a los razonamientos. Esta vez se mostraban mucho más agresivos y ruidosos. Enseguida decidió volver.

Al cabo de unos años, nuestro conductor se hallaba todavía viviendo en Barcelona, triste, siempre suspirando por Sevilla, y confundido. Se preguntaba: «¿Por qué tengo unos pasajeros tan violentos e ilógicos?».

La moraleja de esta metáfora es que las personas, frecuentemente, nos hacemos rehenes de nuestras propias emociones negativas. Los pasajeros de nuestro coche son la tristeza, las dudas, los nervios y la vergüenza. Si una vez tomada una decisión, nos echamos atrás por culpa de esas emociones, como un niño malcriado, éstas van a fortalecerse. Y, ante la siguiente meta, chillarán más fuerte.

Sin embargo, un viajero experimentado —una persona madura— deja que los pasajeros la armen y no cambia un ápice su trayectoria. Sabe que poco a poco se irán calmando, se irán empequeñeciendo hasta prácticamente desaparecer.

La sabiduría de *arugamama* nos enseña a no detenernos siquiera para parlamentar con las emociones negativas: eso sólo incrementaría su fuerza e irracionalidad.

Repito: nosotros hemos aprendido en este libro a **transformar las emociones mediante el diálogo racional**. Y ésta es nuestra principal herramienta. Pero si las emociones se niegan a escucharnos, lo mejor es actuar como el conductor avezado: seguir nuestro camino sin mirar atrás. Tan sólo dos razones nos bastan: «Lo que empiezo, lo acabo» y «Lo que he dicho que haría, lo haré», las dos normas del abuelo Rafael.

En este capítulo hemos aprendido que:

- Cuando las emociones están desbordadas y no atienden a razones, es mejor atravesarlas. Esto significa «metérselas en el bolsillo» para dirigirse hacia donde hemos decidido ir.
- Para tener una mente clara, haremos bien en cumplir dos normas de vida básicas: «Lo que empiezo, lo acabo» y «Lo que he dicho que haría, lo haré».
- Si estamos desorientados acerca de nuestras metas futuras, podemos escoger el camino que más miedo nos suscita. Nuestros grandes temores esconden también nuestros mayores deseos.

.
....
.
....
.
....
....
....
....
....
....

Últimos CONSEJOS

Últimos consejos

Cuatro monjes decidieron llevar a cabo un intenso programa de meditación: iban a estar dos semanas enteras meditando en estricto silencio. Hacia el anochecer del primer día, la vela empezó a parpadear y se extinguió.

El primer monje dijo:

—Oh, no. La vela se ha apagado.

El segundo monje saltó indignado:

—¿No se suponía que no íbamos a hablar?

El tercero dijo:

—¡Qué vergüenza! ¿No sois capaces de mantener el voto de silencio?

Y el cuarto, riendo:

—¡Ajá! ¡Soy el único que no ha dicho nada!

A lo largo de todo este libro hemos descrito a nuestras compañeras las «neuras». Ya las comprendemos. Sabemos cómo se originan y cómo las mantenemos. También hemos empezado a combatirlas. Pero ahora toca llevar a cabo una parte fundamental del trabajo terapéutico: perseverar por encima de las recaídas.

Algunos pacientes —por suerte, menos de un 5 %— abandonan la terapia antes de tiempo. Suele suceder a la quinta o sexta sesión. Después de una mejora espectacular, de repente, tienen una semana mala y lo dejan correr. A veces, me dicen:

—Rafael, esta terapia no funciona conmigo. No voy a volver.

Por eso, desde hace un tiempo siempre advierto, al inicio de la terapia, que **tener recaídas es normal**. Es parte del proceso. Incluso durante toda la vida.

Y es que los seres humanos podemos aspirar a tener una buena salud mental, pero no completa. Somos falibles y eso es lo que hay. De hecho, crearse la necesidad absoluta e imperiosa de estar bien todo el tiempo, de no hacer el ridículo ni tener debilidades, es la peor de las locuras porque lleva a las personas a grandes cotas de descalabro personal.

Los nazis pretendían erigirse en modelos de fortaleza aria, pero lo cierto es que Hitler, durante muchos años, se administraba una cantidad inusitada de tranquilizantes, estimulantes y los primeros antidepresivos de la historia. Su ideología de la fortaleza pura era una falacia desde el minuto uno.

Por lo tanto, aunque suene paradójico, **si queremos estar bien, tenemos que dejarle cierto espacio a la debilidad y al malestar ocasional**. Ya lo hemos visto en otros capítulos: ser menos puede llevarnos a ser mucho más.

Por otro lado, sabemos que si perseveramos y remontamos las recaídas, cada vez tendremos menos momentos de ansiedad y depresión. Además, esas puntuales perturbaciones serán, mes tras mes, año tras año, de menor entidad.

Apagar el ordenador central z^zz

Otro de los conceptos que trato mucho en mi consulta y que tiene que ver con las recaídas es adquirir la actitud adecuada cuando lleguen las mismas.

Como hemos visto, todos tendremos recaídas. De hecho, hasta las personas más sanas tienen días malos, pero no hacen un drama acerca de ello.

En esa línea, tenemos que adquirir una filosofía de aceptación tranquila de esos bajones esporádicos. Si lo conseguimos, estaremos contribuyendo a estar cada vez mejor.

Esos días en que nos encontremos mal, en que retorne la «neura», lo mejor es hacer los ejercicios de racionalidad que llevamos a cabo habitualmente (de una hora de duración por término medio) y después, aceptar con estoicismo la situación.

No hagamos más deberes de los programados porque **es un error engancharse mentalmente a querer estar bien a toda costa**.

Si, en un día de recaída, nos rebelamos al malestar, luchamos contra él, paradójicamente, lo vamos a amplificar. Esta amplificación produce justo los efectos no deseados: nos encontraremos peor y además haremos que el mal rollo nos acompañe por más tiempo.

Los días de recaída hay que saber decirse:

«Mala suerte. Preferiría no tener ansiedad o depresión, pero no es el fin del mundo. Todos nos encontramos mal de vez en cuando».

Y ese día es mejor finiquitar la jornada rápidamente. Irse temprano a dormir. Y mañana será otro día. Se trata de la estrategia que yo llamo «apagar el ordenador central», entre otras cosas, para no provocar más daños.

¡Cómo quiero a mi parienta! 💜

En una ocasión, vino a verme a la consulta una mujer de unos 50 años. Se llamaba Mila y estaba muy mal a nivel psicológico, pero también neurológico. No se trataba sólo de un caso de terribilitis, sino también de deterioro de algunas estructuras cerebrales. Así que dejamos el tratamiento de la neurología al especialista y nos dispusimos a trabajar sus frecuentes ataques de ira y los episodios de depresión.

Su marido la acompañaba a todas las sesiones y participaba en ellas. Era un hombre práctico y tranquilo que tenía un par de negocios muy boyantes en las afueras de Barcelona. Recuerdo que, en una ocasión que nos quedamos él y yo solos, tuvimos la siguiente conversación:

—¿Y cómo llevas el trastorno de tu mujer? ¿Cómo estás tú? —le pregunté.

—Yo bien, Rafael. A ver si podemos ayudarla un poquito en esto, pero todo bien —me respondió.

—¿No te afecta el hecho de que tu mujer lleve tanto tiempo mal? —inquirí.

—¡No! Siempre tienen cosas las «parientas». ¡Ya lo verás cuando te cases! —concluyó riendo.

Me encantó su actitud frente al problema de su mujer. Tenía el tipo de aceptación tranquila que se requiere frente a las recaídas. En esta familia —tenían una hija de 18 años— se producían con frecuencia momentos «calientes» por culpa de Mila: ataques de ira, desplantes a amigos y vecinos, etc., pero, con todo, su marido la aceptaba con calma y naturalidad.

Me recordó el talante de las gentes de montaña, como la familia de mi padre, oriundo de un pueblo colgado en el Pirineo. Hace unos años, mi tío sufrió una serie de embolias cerebrales que le dejaron bastante impedido. A partir de ahí, sobrevivió unos tres años ingresado en una residencia de Barcelona donde lo asistían por completo.

El primer día que fui a visitarlo era domingo y llegué a eso de las 5 de la tarde. Cuando entré en la sala de visitas, me lo encontré rodeado por su extensa familia: su mujer, sus hijos, sus nietos, hermanos, cuñados... ¡había hasta vecinos de otros pueblos de la montaña!

Y allí estaban charlando unos con otros como si no pasase nada. Acudían todos los domingos, se llevaban a mi tío a comer fuera, y se pasaban la mayor parte del día en la residencia. Y todo de una forma sorprendentemente natural. En vez de pasar el domingo en otro sitio, lo pasaban con él, adaptados a la circunstancia, y tan felices.

Ése es también el talante adecuado frente a las recaídas: **una dulce aceptación tranquila**.

Todos podemos tener una jaqueca

Tan importante es combatir nuestras creencias irracionales como saber aceptar las recaídas. Cuando estamos neuróticos, nos volvemos talibanes del propio malestar y eso amplifica el mal rollo. Sin embargo, **una persona fuerte sabe aparcar los días grises**. Es tan buena haciendo eso, que las «depres» o los nervios le duran muy poco: media hora, una tarde a lo sumo.

La novia de uno de mis pacientes me preguntaba en una ocasión:

> —¿Y qué puedo hacer cuando él está muy mal? Sufro viéndole comerse el coco. Con lo alegre que es cuando no tiene «neuras».
>
> —Pues déjale que pase el mal rato con toda tranquilidad. Imagínate que es una jaqueca. Las personas que tienen dolores de cabeza tienen que quedarse más de una tarde en casa, acostados, con la luz apagada y en silencio. Y no pasa nada. Haz tú lo mismo —contesté.

Hacerse del PP o del PSOE

En una ocasión tuve una paciente fantástica, Cristina, muy divertida e inteligente. Me lo pasaba en grande en las sesiones con ella porque era realmente muy agradable. Sin embargo, se castigaba mucho por estar un poco gorda. Como siempre, estaba todo en su imaginación porque, en realidad, era una delicia de mujer, dulce y atractiva, y no le faltaban pretendientes. Además, tenía muchos amigos que la adoraban.

Pero en una ocasión me dijo:

—Me da vergüenza mi propio cuerpo. Evito mirarme en el espejo y preferiría que nadie lo viese jamás.

En cuanto oí eso, pensé para mí: «¡Ni de coña! Vamos a cambiar eso: ¡Cristina es un amor y descubrirá que toda ella es fantástica: hermosa y sexy!».

Y emprendimos, en ese mismo instante, una insistente y feroz campaña para cambiar esa mentalidad. ¡Y lo conseguimos!

En esos casos de complejos físicos **tenemos que convencernos de forma radical de que la belleza, en este mundo, no importa en absoluto**. En el capítulo dedicado a los complejos, vimos todos los argumentos necesarios para convencernos de este punto, pero aquí me gustaría subrayar la importancia de cambiar de filosofía de forma profunda, para lo cual hay que picar piedra, ¡tenemos que llegar a niveles muy altos de convicción!

Resumiendo mucho el trabajo que llevamos a cabo, a Cristina le pedí que adoptase mi filosofía acerca de la belleza: por sí misma y por los demás. Le pedí que «hiciese bandera» de su nueva forma de entender la vida para contribuir a crear un mundo mejor. Tenía que quererse a sí misma, mostrarse al mundo orgullosa (aunque gorda) no sólo para ser más feliz, sino para liberar a otros con su ejemplo.

Y es que, en cierta medida, cambiar de forma de pensar, volverse plenamente racional es como hacerse de un partido político, del PP o del PSOE.

Si yo quiero ser de derechas y acudo a las reuniones del PP, y me repito el argumentario de ese partido, al cabo de poco tiempo, pensaré como ellos. Y lo mismo con el PSOE o con cualquier partido del mundo.

Con la filosofía racional sucede algo parecido. Los seres humanos somos así de permeables. Aprovechemos ese fenómeno de adhesión a un credo.

Por eso, muchas veces, cuando los pacientes me dicen:

—Rafael, veo difícil que yo llegue a pensar como tú en ese punto. Me gustaría, pero creo que no voy a poder.

Yo les replico:

—Claro que podrás. Si quieres, puedes. Piensa que convencerte de lo que te digo, hacerlo tu bandera, es como hacerse del PP o del PSOE. Tú adhiérete a este movimiento de pensamiento y llegarás a creer en él.

Ser como una roca

Los psicólogos que acuden a mis cursos de formación conocen bien mi expresión «Tenemos que ser como una roca» porque la digo muchas veces. Y la pronuncio especialmente cuando me cuentan que algún paciente se les resiste en la consulta.

La conversación suele ir de esta manera:

> —Rafael, tengo un paciente que ya no sé qué hacer
> con él. Llevamos cinco sesiones trabajando su miedo
> a las enfermedades y no avanza nada.
> Y mi respuesta es, como siempre:
> —¡Tienes que ser como una roca!

Con esto quiero decir que lo que esa persona necesita es perseverancia y nosotros tenemos que ser su modelo. Por experiencia, sé muy bien que insistir e insistir en los argumentos racionales suele acabar rompiendo hasta el muro más grueso.

En una ocasión, estuve trabajando hasta seis meses seguidos con una chica hipocondríaca. Dale que te pego, una y otra vez, repasábamos los mismos argumentos racionales. Llevamos a cabo muchas visualizaciones racionales. Vimos ejemplos, testimonios... Y, como conseguí ser como una roca, al final, abrió su mente y superó por completo su miedo a enfermar.

Ser como una roca es importante y, más todavía, si uno se quiere aplicar la terapia por su cuenta. **Tendremos que ser así de persistentes, para empezar a cambiar y, luego, para mantener la mejora.** Pero, sin duda, el esfuerzo merece la pena. El premio es la capacidad de volver a disfrutar de la vida, la auténtica fortaleza emocional.

En este capítulo hemos visto que:

- La perseverancia es un elemento fundamental del cambio psicológico.
- Las recaídas forman parte del proceso de cambio y de mantenimiento.
- Lo ideal es trabajar en tu mente una hora al día y dejarlo estar el resto del tiempo.
- A veces, es mejor «apagar el ordenador central»: recogerse pronto que mañana será otro día.
- Tratarse bien a uno mismo también significa permitirse estar «neura» de vez en cuando.
- Y recuerda: ¡tú puedes ser como una roca! Con amor y persistencia, tú serás tu mejor entrenador emocional.

- ....
- ....
- ....
....
....
....
....
....
....
....

Contribuir a mejorar el mundo

Es una evidencia que, si perseveramos dulcemente, con paciencia pero sin pausa, toda nuestra vida puede cambiar. ¡Qué fantástico es salir a la calle y poder disfrutar del sol, de los increíbles colores de la naturaleza, del milagro de la brisa sobre las hojas de los árboles! ¡Qué maravilla es encontrarse genial y transmitir paz y alegría a nuestro entorno!

Y una vez alcanzado ese nivel de bienestar, ¿qué mejor que devolver al mundo parte de esa belleza que nos ofrece? Todas las ciudades del mundo podrían tener más calles peatonales, más edificios hermosos... Todas las personas podrían mostrar más sonrisas y pronunciar palabras agradables a los demás... Todos los oficios podrían llevarse a cabo con más amor y dulzura...

Todos los que hemos tenido la fortuna de descubrir esa cara hermosa de la vida tenemos esa voluntad de producir buen rollo y transmitir esa cadena de «felicismo» (como dice el joven viajero en silla de ruedas Albert Casals) a nuestro alrededor. Seamos cada vez más. Podremos transformar el mundo devolviéndole la cordura y la hermosura que le corresponde.

Persevera, haz del trabajo racional una prioridad, prohíbete pelearte con las cosas y con las personas, quita la palabra «queja» de tu diccionario, elimina todos tus miedos y complejos: hazte del club de las personas fuertes. **Te esperamos con los brazos abiertos.**

TESTiMONiOS

Mi vida es mía

Ana María es una mujer de 50 años, de origen sevillano, que vive en Madrid desde hace décadas. Acudió a mi consulta de la capital porque estaba muy insatisfecha con su relación de pareja. Él la trataba mal, se negaba a que viviesen juntos, desaparecía durante días cuando le venía en gana y fumaba porros todo el día. Muy pocas veces le daba muestras de amor e interés genuino.

Pero algo la ataba a él sin remedio. Había intentado dejar la relación alguna vez, pero al cabo de tres días —siempre tres días— le entraba tal ansiedad que tenía que volver desesperada. En cada ocasión, se veía obligada a suplicar. Y él, orgulloso y complacido, la aceptaba de nuevo a su lado.

Ana María llevaba así siete largos años y, cuando acudió a mí, estaba deprimida, ansiosa y confundida. No se entendía a sí misma.

La terapia no sólo le permitió liberarse fácilmente de aquella relación; sino que además, en el proceso, aprendió lecciones esenciales para la «gran felicidad».

Conocer la terapia cognitiva ha sido la cosa más maravillosa de mi vida. ¡Así de simple! Hay un antes y un después de ella. ¡He cambiado por completo!

Antes, yo era una mujer dependiente y temerosa. Y, ahora, soy feliz, alegre, despreocupada, segura de mí misma y tengo ganas de comerme la vida. ¡A los cincuenta y pico años de edad!

¿Qué es lo esencial que aprendí con Rafael? ¡Que no necesitaba pareja para estar bien! ¡En absoluto! Que eso era sólo una idea que se me había metido en la cabeza. Una fantasía.

Fue increíble cómo justo en el momento en que lo comprendí, me liberé del problema de golpe. Fue hacia la cuarta sesión. Estaba allí sentada frente a él y lo vi claro. Me entró una felicidad enorme. Fue una liberación absoluta.

Cuando salí de la consulta sentía ganas de reír, bailar, abrazar a la gente que veía por la calle... Y, esa misma tarde, le dije a Miguel que lo nuestro se había acabado para siempre. Pero esta vez era diferente: estaba serena, feliz y segura de mí misma como nunca antes.

Y las siguientes semanas y meses fueron igual de buenos. ¡Qué va: todavía mejor y mejor! No echaba de menos a Miguel en absoluto y empecé un montón de actividades nuevas: hot-yoga, que me encanta; excursionismo; un curso de pintura.

Durante un año no tuve ninguna otra relación. Sí amantes con los que me lo pasé estupendamente y grandes amigos. Pero al cabo de ese tiempo conocí a mi actual pareja, Jaime.

Tengo que decir que Jaime es una persona maravillosa; el hombre perfecto: es amable, inteligente, amoroso, solidario, divertido, fiel... No sé, en cierto sentido, me ha tocado la lotería.

Pero sé, en lo más profundo de mi mente, que si mi precioso Jaime me dejara yo seguiría siendo tan feliz (¡o más!) de lo que soy ahora. Mi fuerza, mi libertad, mi amor por la vida es mío. Ahora lo comparto con mi amor, enamorada de él, pero aun así, la alegría de vivir sigue siendo algo enteramente mío.

Paz, tras veinte
años de tortura

Natalia vino a verme realmente en crisis. Estaba hundida, confusa, aletargada e increíblemente ansiosa al mismo tiempo. El miedo le salía por las orejas. Y la idea del suicidio planeaba por su cabeza todos los días.

Su caso, además, se había complicado por el exceso de psicofármacos. Ella no necesitaba ninguno. La habían medicalizado erróneamente, como a tantas personas con ataques de ansiedad o trastorno de pánico.

Pero, en la actualidad, Natalia es un ejemplo de sanación mediante el tratamiento cognitivo-conductual al 100 %, tras el abandono exitoso de todos esos psicofármacos.

Muchas personas, cuando superan un problema tan pesado, que ha durado tantos años, viven la vida de otra forma, con una energía e ilusión desbordantes porque valoran lo que tienen como nunca antes.

Durante veinte larguísimos años de mi vida, estuve batallando con problemas emocionales de todo tipo. Básicamente, ataques de ansiedad, insomnio y un período de depresión fuerte.

Yo, en realidad, no soy depresiva para nada; al contrario, soy alegre y estoy llena de energía positiva, pero sufrí una depresión a causa de pasar por años de ansiedad inexplicada, que los médicos sólo hicieron que complicarme con su batería de psicofármacos.

Hacia los 22 años, acabada la universidad, empezó la ansiedad. Le cogí miedo al miedo y me daban unos ataques brutales que me dejaban en la cama durante días.

No sabía qué demonios me estaba pasando y cometí el error de acudir a un psiquiatra (o al menos, a un psiquiatra inadecuado) que me dio ansiolíticos y antidepresivos. He llegado a tomar ocho pastillas diferentes al día. Y cada vez estaba peor.

En el transcurso de diez años, fui a muchos especialistas. En Madrid, en Pamplona, en todas partes. Y todos me arreaban su diferente combinación de fármacos que sólo hacían que ensuciarme la mente y complicar mi problema.

También acudí a un psicólogo, pero con la mala suerte de que era un psicoanalista y, claro, todavía me lio más la cabeza.

La cosa es que me planté con 34 años de edad hecha un cromo. Me había intentado suicidar en dos ocasiones. Y no sé cómo me aguantó mi marido durante todo ese tiempo.

Al final, descubrí a Rafael y, en pocos meses, volví a ser la persona de antes: la de hace ¡más de veinte años! Igual de fuerte, alegre y juvenil... o incluso más.

¿Qué hicimos? Primero, descubrir que lo único que tenía eran ataques de ansiedad. ¡Nada de depresión! Eso fue esencial para centrar el problema. Me habían llegado a poner todo tipo de etiquetas: trastorno de personalidad, bipolar... ¡Y yo no tenía nada de eso! Centrarse en qué es lo que te está trastocando es lo primero: hasta que no consigas eso, no vas a po-

nerte bien. Y, en mi opinión, para eso necesitas ir a un psicó-logo con mucha experiencia y las ideas claras. Los psiquiatras van a saco con las pastillas y las etiquetas diagnósticas.

Segundo: dejar los fármacos que, en realidad, me habían vuelto más ansiosa y depresiva. Esto es un hecho. Estoy com-pletamente segura de que tanto los antidepresivos como los ansiolíticos causan, a largo plazo, lo contrario que se pretende.

Tercero: acabar de forma mental con un problema que era puramente mental. Es decir, psicoterapia a tope para poner fin a los ataques de ansiedad.

Es alucinante, pero puedo decir que en sólo tres o cuatro se-manas ya estaba mejor en un 70 %. ¡No me lo podía creer! Te juro que parecía un milagro.

Luego, de ahí al 100 %, ya fue un poco más largo: tardé unos seis meses más. Y tuve que trabajar duro: eso es verdad.

Mi trabajo consistía en «desensibilizarme» a la ansiedad; tenía que exponerme a aquellas situaciones que me daban mie-do para acabar con la ansiedad para siempre.

Si no hubiese tenido el apoyo de Rafael y su equipo no hu-biese podido lograrlo. Me acompañaron como un entrenador, un amigo y un padre. Me dieron ánimos diariamente por WhatsApp, email y teléfono. Me daban más información, más ánimos, más fuerza cada vez.

Hoy estoy curada al 100 %. No tomo ningún psicofármaco ni pienso probarlos más en mi vida. ¡Soy libre y feliz! Me queda media vida por vivir y Dios sabe que voy a exprimirla.

Ánimo a todos los que estén pasando por un mal momento. Por mucha que sea tu confusión y sufrimiento, te aseguro que hay una salida. Por favor: ponte en buenas manos e inicia el ca-mino de tu sanación mental ¡ya!

Cómo superé el TOC

Cuando acudió a mi consulta, Claudia era una de las jueces más jóvenes de España: brillante, extrovertida, buenísima persona. Pero desde los 16 años tenía un trastorno obsesivo oculto. Lo disimulaba perfectamente, pero, por dentro, vivía un calvario.

Su trastorno obsesivo-compulsivo tenía dos ramas: por un lado, se preguntaba si era lesbiana y esa duda la atormentaba. Tenía pareja y estaba enamorada, pero su mente le decía que, si era lesbiana, entonces tendría que dejar a su novio y llevar otro tipo de vida. Aunque parezca mentira, llevaba unos 15 años con ese dilema.

Por otro lado, se lavaba las manos unas treinta veces al día y se daba dos duchas de media hora como mínimo. Además, su casa debía de estar impoluta hasta extremos ridículos.

La transformación de Claudia fue espectacular, pero hay que decir que llevó a cabo la terapia de manera ejemplar. En un mes, estaba un 80 % mejor. En dos meses, en un 95 %. Y en tres meses, al 99 % bien. Es uno de los casos más rápidos de curación del TOC que yo he visto.

En el TOC la mente entra en bucle con un pensamiento (duda o temor) obsesivo. La persona se da cuenta de que está exagerando, pero es incapaz de detener la ansiedad asociada a ese temor. Todo el día, el pensamiento (duda/temor) asalta su cabeza. Las compulsiones son acciones que lleva a cabo para calmarse un poco.

El TOC puede solucionarse de forma rápida o lenta, dependiendo de la habilidad del terapeuta y la capacidad de trabajo del paciente. Pero es esencial acudir a un especialista muy versado en este tema.

Yo literalmente he vuelto a nacer. En cuanto acabé la terapia empezó mi nueva vida, mucho más maravillosa, llena de alegría y energía. Durante todos los años que sufrí el TOC vivía más o menos bien: me saqué una carrera, llegué a jueza, me casé e hice incontables cosas bonitas, pero una parte de mi mente sufría «todo el tiempo».

Es como alguien que tiene un dolor crónico incurable y que tiene que soportar el dolor día a día. Aprende a vivir con él pero si un día se cura, buf, nota una diferencia brutal.

Pues eso es lo que pasó. Literal.

Ahora ya no tengo pensamientos en bucle: cero. Entre la gente con TOC hay quien piensa que uno nunca se cura al 100 % pero yo soy ejemplo de que sí. Y nunca he tomado ningún fármaco para ello.

Mi terapia consistió en una cosa llamada «exposición con prevención de respuesta» que Rafael me enseñó a realizar. Sin su ayuda, no lo hubiese hecho así de bien jamás. Al margen de que me explicó —con todo tipo de detalles, metáforas y argumentos— cómo y cuándo debía hacer mis deberes, me acompañó de una forma alucinante, que siempre le agradeceré.

Todos los días, durante los tres meses que duró la terapia, le estuve escribiendo whatsapps: ¡parecía mi marido! Le informaba de cómo me estaba yendo con las tareas y cómo me sentía. Hubo algún momento difícil en el que intercambiamos mensajes todo el día. Y si yo me olvidaba un día de escribir, ya estaba él preguntándome cómo iba la cosa. ¡Increíble! No creo que haya un psicólogo así en el mundo entero.

Sentirte tan acompañada y arropada fue supervalioso.

Otra cosa fantástica es la cantidad de material adicional que tienen en su equipo para que vayas aprendiendo, trabajando y animándote: testimonios de otros casos, libros de apoyo, vídeos...

Ahora, libre de la enfermedad emocional que me ha lastrado tanto en la vida, vivo de forma intensa como no os podéis imaginar. Me encanta la vida, el sol, los colores, la gente, las formas de las cosas, los olores... TODO.

Animo a todo el mundo a que trabaje cualquier neura que tenga. La vida sin miedos es otra cosa muy diferente: ¡es la bomba!

Mi viaje de tímido ¡a extrovertido!

Raúl era un chico bien parecido y muy agradable en el trato: una joya de persona. Pero tenía una gran fobia social, así que apenas tenía amigos. Y tampoco pareja. Pero, siguiendo la terapia de forma ejemplar, en pocos meses ya era una persona totalmente diferente. Y, al cabo de un año, estaba simplemente irreconocible.

Raúl es un ejemplo del vuelco que puede dar una persona. Y también demuestra que todos podemos convertirnos en seres carismáticos. Es mucho más fácil de lo que parece. Sólo hay que aprender cuatro conceptos básicos sobre el valor de las personas. Eso sí: se necesitará un cambio de pensamiento radical. Pero una vez hecho, las habilidades sociales se aprenden de forma divertida y acelerada.

Cuando acudí a la consulta de Rafael tenía justo 30 años y estaba harto de ser tan tímido. Llevaba toda la vida evitando situaciones sociales porque me ponían muy nervioso. Además, lo hacía fatal: me quedaba bloqueado en las conversaciones y decía tonterías. Tenía muy pocos amigos: en realidad, dos, a los que ni siquiera veía mucho (una o dos veces al año).

Incluso con mi familia me ponía ansioso. Así que también evitaba las veladas familiares. Las veces que acudía, estaba poco tiempo.

El tema de ligar con chicas era, por supuesto, ciencia ficción. A mis 30 años era virgen y ni siquiera había salido a dar un paseo con ninguna. Todo por timidez, claro.

Es increíble cómo una terapia te puede cambiar tanto. Ahora no sólo no soy tímido, sino que me considero una persona extrovertida. Me encanta charlar con la gente, las reuniones sociales e incluso hablar en público.

En la terapia, trabajamos muchas cosas importantes. Uno de los conceptos esenciales es la idea de que «todos somos iguales»: todos los seres humanos valemos lo mismo, muchísimo.

Pero se trata de una convicción que hay que mantener en profundidad. ¡Convencimiento total! Cuando aceptas ese hecho en su totalidad, ya no te comparas: te ves igual de maravilloso que el resto de los seres humanos.

Otro punto fue darse cuenta de que nadie hace el ridículo jamás. Tuve que estudiar mucho para meterme a fuego esa idea en la cabeza. Rafael fue desgranando argumento tras argumento hasta que lo tuve muy claro. Incluso me hizo leer libros sobre Gandhi y otros autores.

Y después, todavía quedaba algo: adquirir las habilidades sociales que me faltaban debido a mis años de evitación y «ausencia social». ¡Pero me lo pasé genial haciéndolo!

Salí al mundo y aprendí cómo ser simpático, hacer chistes, escuchar a los demás, sacar temas de conversación, ser yo mismo, sentirme cómodo sin decir nada... ¡incluso seducir a chicas!

No tengo novia todavía, pero he salido con dos mujeres en los dos últimos años; las relaciones han sido hermosas y estoy seguro de que encontraré a mi media naranja pronto. Lo esencial es que ahora no me dan miedo las interacciones sociales: al contrario, me encantan.

A todos los tímidos del mundo: ¡sacaos ese miedo de encima! No hay nada que temer. La gente es para disfrutarla. Y a los demás que no sois tímidos: sabed que siempre podéis ser más y más carismáticos, gozar más de la gente, darles más cariño y pasarlo mejor. La vida es un aprendizaje continuo: ¡vamos!

Ahora soy 0 celosa

Alba era una chica de 34 años, bien parecida, inteligente, dulce, pero con unos celos exagerados. Su novio aguantaba carros y carretas porque ella sospechaba de sus compañeras de trabajo, de sus amigas, de las amigas de ella misma, de cualquier extraña en un bar, etc.

Cada semana montaba una escena descomunal de la que luego se arrepentía, pero parecía no poder evitarlo.

El trabajo que realizó fue hermosísimo porque se tuvo que exponer a unas ideas que, al inicio, le revolvían el estómago. Pero comprendió que si quería superar sus celos patológicos tenía que abrirse a otra forma de ver las relaciones e incluso el mundo.

Yo creo que una buena relación de pareja tiene que estar libre de celos porque sólo en la libertad se ama adecuadamente.

No me da vergüenza admitir que fui una celosa bastante loca. Cuando recuerdo los pollos que le armaba a mi novio, alucino de mí misma. Pero no lo podía evitar. ¡Cuando me venía la idea de que me podía haber puesto los cuernos o que le interesaba al-

guien más que yo, me ponía enferma! Y tenía que intentar resolver el asunto cuanto antes porque me sentía ultrajada, con la autoestima por los suelos.

Las dos primeras sesiones con Rafael fueron brutales. Me enfrentó a una filosofía de las relaciones que me daba ganas de vomitar. Me hizo plantearme la brutalidad de que «podría» compartir a mi novio. En esas dos primeras sesiones salí pensando que no iba a volver, pero por alguna razón lo hice y no puedo estar más agradecida.

Ahora no soy celosa en absoluto. Podría tener perfectamente una relación abierta aunque hemos decidido no tenerla. Pero ahora, si me viene la idea de que alguien puede estar interesada en mi pareja, me río. Pienso: «No pasaría nada si sucediese; porque el sexo no es nada importante; yo me ocupo solamente de tener una relación maravillosa».

Ahora tengo una relación mucho mejor que antes, más auténtica, basada en la libertad y el amor de verdad: el apoyo, el cariño, la diversión, el crecimiento mutuo... y no en chorradas como si somos fieles sexualmente o no.

Sé que muchas personas que me lean pensarán que mi ideología está equivocada y que la fidelidad es necesaria, pero les diré lo que me dijo Rafael en su día: «¿Qué prefieres: tener razón o curarte?».

Si eres celoso, has de cambiar tu manera de pensar en el sexo y en el amor, en la posesividad y la bondad inherente de todo el mundo. Te has de abrir a una forma de pensar más ecológica, más solidaria con toda la especie humana. Has de estar dispuesto a sacarte tabúes y prejuicios de encima. Hazlo: no pongas en riesgo tus relaciones por una ideología equivocada.

Sé que un cambio de valores tan importante da miedo, pero

seamos prácticos: lo esencial es estar bien, que las cosas funcionen. Vale la pena cambiar cuando ves que tu sistema de creencias no te lleva por el buen camino.

Mi cambio ha sido realmente espectacular. Pasar de supercelosa a 0 celosa es realmente increíble. La gente que me rodea está muy sorprendida, pero se alegran porque ahora me ven tranquila y feliz.

Animo a todo el mundo a que lleve a cabo un trabajo de cambio de todo aquello que les limita o les perjudica. Yo he aprendido que detrás de nuestros miedos o intolerancias mentales hay ideas, sistemas de creencias que se pueden cambiar. Dadle fuerte con alegría e ilusión: ¡os espera una nueva personalidad, una nueva vida!

fin

Descubre tu próxima lectura

Si quieres formar parte de nuestra comunidad,
regístrate en **libros.megustaleer.club**
y recibirás recomendaciones personalizadas

Penguin
Random House
Grupo Editorial

megustaleer